기다림과 인내,
희생과 포용의 힘을
온몸으로 알려주신 아버지, 어머니께

SKY BUS

스카이 버스

명문 대학으로 직행하는
초등 공부 전략서

SKY BUS

스카이 버스

분당강쌤 지음

다산
에듀

초등 자녀,
기본기를 쌓아야
결국 대학 갑니다

저는 20년 이상 분당과 대치동에서 학원 교육에 종사하며 참 많은 학생들을 지도해 왔습니다. 소위 SKY라고 불리는 최상위 대학에 수없이 많은 학생들을 진학시켰고요. 제가 농담처럼 서울대에 학생 한 트럭 보냈다고 이야기했는데 아주 틀린 말은 아닙니다. 실제로 트럭에 태워 보내지는 않았지만 그보다 많은 학생들을 매년 최상위 대학에 진학시키고 있죠.

또 제가 만난 학생 수만큼의 학부모도 만났습니다. 학원까지 찾아와 제게 아이를 맡긴 뒤에도 또 당부와 다짐을 받고자 하는 학부모의 간절함을 입시 최전방에서 느꼈습니다. 수많은 학부모의 교육 방식도 경험했습니다.

이렇게 학원까지 찾아와 아이를 맡기며 저와 대화를 나누려는 학부모들은 아이 교육의 중요성을 일찌감치 깨닫고 지도해 온 분들이 대부분입니다. 교육에 있어 자신의 확고한 가치관이 있고, 그에 걸맞게 많은 돈과 노력을 공부에 투자해 온 경험이 있는 분들이 많습니다. 그중에는 제가 가진 것 이상의 정보와 지식을 가진 분들도 계십니다. 그럼에도 불구하고 이분들이 제게 가장 처음에 하는 말이 뭔지 아십니까?

"애가 똑똑해서 초등학교 때까지는 공부를 정말 잘했거든요. 중학교까지만 해도 전교에서 놀 정도였으니까요. 그런데 고등학교에 가서는 영 맥을 못 춰요. 어쩌면 좋죠?"

안 가르쳐본 공부가 없고 안 다녀본 학원이 없는 아이들의 실상이 이렇다는 겁니다. 그토록 열렬한 부모의 응원과 지원 속에 공부해 온 아이들이 대체 왜 중요한 시점에 가서 이렇게 흔들리는 걸까요? 이는 한두 명의 경험을 부풀려 말씀드리는 것이 아닙니다. 약 20년 동안 쌓아온 제 경험을 과장 없이 들려드리는 겁니다.

오랜 시간 학원가에서 학생들을 가르쳐보면 선생님에게도 노하우가 생깁니다. 학원 문을 열고 들어오는 순간부터 아이와 시작을 다짐하는 순간까지 겪고 나면, 미래에 이 아이가 맞닥뜨릴 대입의 결과가 눈앞에 그려집니다. 야속하게 들리실 수도 있지만 명백한 사실입니다. 저뿐만 아니라 오랜 시간 학생들을 가르쳐본 선생님들의 눈에는 좋은 대학을 갈 아이와 그렇지 못할 아이들의 미래가 보입니다. 물론 가르치는 동안은 제가 미리 보았던 아이들의 미래를 좋은 방향으로 바꾸기 위해 부단히 노력합니다. 바뀌는 아이도 있고 안 바뀐 채 계속 가는 아이들도 있습니다. 제가 이 이야기를 하는 이유가 바로 여기에 있습니다.

똑같은 방식과 문제집, 시간을 들여 가르치는데 왜 누구는 서울대를 갈 정도로 성적이 오르고 왜 누구는 아무리 해도 제자리걸음을 못 면하는 걸까요?

타고난 공부머리 때문일까요?

아니요. 그렇지 않습니다. 저는 이 아이들, 그러니까 어릴 땐 잘했는데 고등학교 들어와서 성적에 고전을 면치 못하는 아이들의 문제를 파고들기 시작했습니다. 문제를 알아야 좀 더 많은 아이들에게 좋은 방향을 제시해 줄 수 있을 테니까요.

한때 공부를 잘해본 기억과 경험이 있는데 왜 자꾸만 무너지는 걸까요? 여기서 무너진다는 건 열심히 하는데 원하는 성적에 도달하지 못하고 자꾸만 좌절하는 현상을 뜻합니다.

저는 최소로만 잡아도 약 1만 건 가량의 학생과 성적, 결과 데이터를 토대로 결론을 내렸습니다. 바로 '초등 공부에 결손'이 생겼기 때문입니다. 제가 있는 곳은 분당이고, 이곳은 모두 아시다시피 교육열이 남다른 지역입니다. 저를 찾아오는 학생들은 선행이나 현행, 후행까지 부족함 없는 교육을 받아온 이들이 대부분이고요. 그럼에도 불구하고 고등학생이 되어서 성적 상승이 멈추거나 심지어 뚝 떨어지는 아이들에게는 초등 공부로 쌓았어야만 했던, '기본 바탕이 되는 지식'들이 부족합니다. 여기서 말하는 지식은 단순히 공부만을 뜻하는 것은 아닙니다. 이 아이가 훗날 12년 입시 레이스를 지치지 않고 리드하며 나아가는 데 필요한 기초 학습, 습관, 태도, 마인드를 모두 포함합니다. 이 모든 건 바로 초등 시기에 쌓았어야 했던 능력들입니다.

초등 시기에는 영어 단어, 어려운 수학 공식을 친구들보다 하나 더 외우는 것은 중요한 게 아닙니다. 그런 건 중고등학교에 가서도 충분히 따라잡을 수 있습니다. 대신 좀 더 깊게 탐구하며 배우려는 태도와 습관을 기르는 것에 중점을 두어야 합니다. 빠르게 외우고 휘발되는 공부가 아닌 차곡차곡 내적 깊이를 채우며 쌓는 공부를 해야 합니다. 장담컨대 그렇게 공부해 온 아이들은 중학교 때 당장 눈에 보이는 성적을 받진 못하더라도 고등학교에 가서는 남들보다 실력의 확장 폭이 어마어마하게 클 겁니다. 이미 기초가 되는 뿌리가 너무나 폭넓고 단단하며 건강하기 때문이죠.

"제 아이가 이미 중학생이에요. 늦은 거면 어쩌죠?"

이렇게 걱정하시는 부모님들도 계실 겁니다. 괜찮습니다. 늦지 않았어요. 부족한 것을 찾았으면 이미 성공하는 길로 들어선 것입니다. 부족한 초등 학습의 결손을 되짚어 보고 하루빨리 채워 주세요. 아이와 함께 학습에서 부족한 부분들을 찾아 솔직한 대화를 시작하셔야 합니다. 이 대화를 시작하는 것만으로도 기회가 열립니다. 고3, 수능 전날까지도 학생들은 놀라운 성장을 보이니까요.

살다 보면 때로는 공정하지 않은 상황을 수시로 맞닥뜨립니다. 하지만 대한민국에서 대입만큼은 모든 국민에게 공정한 기회를 제공하고 있습니다. 전국의 학생들이 한날한시에 같은 시험지로 평가받는 '수능'이라는 제도가 있기 때문입니다. 초등이든 중등이든 지금 당장 경쟁에서 우위를 점하는 것은 결코 중요하지 않습니다. 대입은 100미터 달리기가 아닌 12년의 기나긴 마라톤과 같으니까요. 처음부터 전력질주를 하면 중간에 포기하거나 힘에 부칠 수도 있습니다. 성공적인 입시를 원한다면 초등학생부터 목표를 분명히 정하고 속도를 조절하며 달려야 합니다. 대한민국에서 정규 교육을 받는 학생들의 목표는 대부분 '대입'입니다. 이 명확하고 또 단순한 목표를 직시하고 나아간다면 반드시 원하는 것을 쟁취할 수 있습니다.

이 책의 목표는 단순합니다. 좋은 대학을 가기 위해 시간, 비용, 노력을 최대한 적게 들일 수 있는 공부 전략을 차근차근 알려드리는 것입니다. 사교육을 비난하거나 사교육을 받지 말라는 것이 아닙니다. 단, 바람직한 교육이란 '사교육에 휘둘리는 것'이 아니라 '사교육을 활용하는 것'이 되어야 한다는 말씀을 드리고 싶습니다. 이를 위해서는 대한민국의 입시를 정확하게 이해해야 합니다. 이해는 '정확하게 아는 힘'에서부터 시작됩니다. 저는 그것을 도와드리기 위해 이 책을 썼습니다.

저는 유튜브에서 〈분당강쌤〉이라는 채널을 운영하고 있습니다. 초창기 영상에서 밝혔듯 제가 유튜브를 본격적으로 시작하게 된 계기는 바로 분당에서 짧은 기간 동안 여러 명의 학생이 스스로 목숨을 끊은 사건 때문입니다. 모두 성적을 비관한 자살이었습니다. 학생들을 가르치는 사람으로서 지난날들과는 다른 책임감을 느꼈고, 진심으로 가슴이 아팠습니다. 대체 성적이 뭐라고 아직 꽃도 피우지 못한 소중한 생명들이 자신이 어떤 빛깔과 향기를 지닌 꽃을 피울지도 모른 채 죽음을 택했어야 했는지…. 죽음을 선택하기까지 아이들이 느꼈을 절망과 공포를 생각하면 이루 말할 수 없이 안타까웠습니다.

지금, 이 글을 쓰고 있는 이 시점에도 모두가 레이스 위에서 죽음의 대결을 펼치고 있을 겁니다. 대한민국의 지나치게 과열된 교육 현실이 안타깝습니다. 세상이 하루가 다르게 변하고 있는데 아직도 명문대 간판만 바라본다는 것은 현실과 맞지 않습니다. 학벌이 강조되는 이러한 사회는 언젠가 반드시 바뀌게 될 것입니다. 하지만 사회적 시선과 인식을 하루아침에 바꿀 수는 없는 노릇이고, 아직도 그 속에서 고통받고 있을 많은 학생과 학부모님이 있다는 것을 잘 압니다. 그렇기에 책에서 제가 가장 잘할 수 있는 영역의 이야기를 하고자 합니다. 이 책을 읽는 많은 분들이 실질적인 도움을 얻어가기를 바랍니다.

유튜브를 개설할 당시 저는 이미 성공한 원장이자 강사였습니다. 교육열이 치열한 분당 지역에서 365일 대기가 걸리는 학원을 운영하고 있었고, 15년간 개설된 모든 반이 100% 마감한 기록을 보유하고 있었습니다. 그런 제가 유튜브를 시작하고자 마음먹기까지는 많은 고민과 생각이 있었습니다.

얻을 것보다 잃을 것이 많다는 점과 모든 노하우를 공개했을 때 얻게 될 동종 업계의 공격과 비난 등…. 안 그래도 숨 쉴 틈 없이 바쁜 일상인데, 큰 소득도 얻지 못할 일에 시간과 노력을 쏟아야 한다는 부담감까지 더해진 상태였습니다. 저를 아끼는 모두의 우려와 걱정 속에 시작된 채널이었습니다. 한 개의 영상도 허투루 찍지 않았고, 진정성 있는 정보와 사실을 말씀드리고자 노력해 왔습니다. 지루하고 재미없더라도 정확한 내용을 전달드리고자 했습니다.

단 한 명일지라도 제 조언이 닿는다면, 제대로 된 도움을 주고 싶습니다. 여타의 유튜브 채널과 달리 다소 무겁고 어려운 내용이 많아 지금처럼 많은 분들에게 사랑받는 채널이 될 것이라고는 전혀 예상하지 못 했습니다.

이 마음은 이 글을 쓰고 있는 지금도 변하지 않았습니다. 많이 팔리는 책, 유명한 책이 되기를 원하는 마음보다 단 한 분에게라도 진정한 도움이 되는 책, 실질적인 변화의 계기를 드릴 수 있는 책을 쓰고자 합니다. 그렇기에 많은 분들에게 널리 사랑받을 수 있는 책이 될 수 있을지는 자신이 없어 저희 출판사와 편집자님께는 무척 죄송한 마음입니다.

책에서는 입시 현장에서 나름대로 최선을 다해오며 치열하게 살아온 대입 전문 강사이자 원장인 제 경험과 노하우, 전문 분야의 지식을 총동원하여 아이들의 학습 공백을 어떻게 채워야 하는지, 초등 시절에 꼭 갖춰야 하는 기초 학습이란 무엇인지에 대해 설명하려 합니다.

또한 이 책은 평범한 공부머리를 가진 아이들을 위해 썼습니다. 알아서 잘하는 상위 1% 아이들을 위한 책이 아닙니다. 방법은 잘 모르지만 그럼에도 학생된 본분으로 열심히 정진하려는 아이들이 부디 첫 좌절을 스무 살도 되기 전에 겪지 않았으면 하는 바람을 담아 한 글자 한 글자 적었습니다.

지금부터 할 이야기 속에서 부모님들께서 기억해야 할 것은 단 한 가지입니다. **초등 시기, 정확한 방향으로 올바른 노력을 쌓아 나가세요.**

타고난 재능을 이기는 아이들은 결국 정확한 방향으로 노력한 성실한 아이들입니다. 차곡차곡 성실하게 노력으로 쌓아 올린 공부는 절대 무너지지 않습니다. 공부 빌드업의 황금 시기인 초등 시기를 결코 그냥 흘려보내지 않으시길 바라며, 지금부터 본론으로 들어가 보겠습니다.

2021년 12월
분당강쌤 씀

목차

버스를 기다리며
입시전문가가 초등 학부모에게 꼭 전하고 싶은 이야기

버스를 타고
부모에서 초등 학부모로, 마인드셋 3단계

목적지를 향해

초등 학부모가 알아둬야 할 과목별 공부법

1부

버스를
기다리며

**입시전문가가 초등 학부모에게
꼭 전하고 싶은 이야기**

대한민국 입시는 전쟁이다

• • •

입시, 그 전쟁의 서막

전쟁에서 승자는 살아남고 패자는 죽습니다. 싸움과 경쟁을 통해 살아남는 자는 지극히 소수입니다. 대한민국 입시도 전쟁과 같습니다. 아이들은 사리분별도 되지 않는 나이부터 끝이 보이지 않는 경쟁 속에 던져집니다. 완주조차 힘든 이 경주에서 사방에 포진된 경쟁자들과 싸우며 좁디좁은 관문을 통과하기 위해 필사적으로 움직여야 합니다. 그 관문을 통과하는 자는 손에 꼽을 정도로 적고, 통과하지 못한 패자들은 죽음보다 더한 고통을 맛보게 됩니다.

입시에서 한 발 물러서 있는 분들이라면 '아무렴, 그렇게까지 심각하겠어'라고 하실 수 있지만 실제로 입시 현장 한가운데에 있는 제 입장에서 봤을 때는 전혀 과장된 표현이 아닙니다.

지난 10년간 대한민국 청소년의 사망 원인 1위가 자살입니다. 여성가족부와 한국청소년정책연구원이 발표한 「2022 청소년 통계」 자료에 따르면 청소년 사망자(9~24세)는 감소하는 추세지만 청소년 자살률은 꾸준히 증가하고 있음을 확인할 수 있습니다. 그리고 '학업 스트레스'는 자살의 주된 원인 중 하나로 늘 지목되고 있고요.

2021년, 분당에서만 여러 아이들이 스스로 목숨을 끊었습니다. 그중 한 아이는 제가 가르친 학생의 친한 친구이기도 했습니다. 생각보다 가까운 곳에서 아이들이 괴로워하다 못해 극단적인 행동을 취하고 있습니다. 저는 대한민국에서 좋은 대학에 가는 일은 전쟁에서 승리하는 것만큼이나 어려우며, 그 과정은 아직 다 성장하지 못한 아이들을 사지로 몰고 있다고 생각합니다.

중간고사와 기말고사, 시험 결과에 따라 집안의 공기가 달라집니다. 하물며 수능은 어떠할까요? 누군가가 붙는다면 떨어지는 사람 역시 존재하기에, 합격 소식을 전하는 학생들의 기쁨을 마냥 함께 나눌 수만도 없었습니다. 합격한 아이들에게는 담담히 축하를 건네고, 대신 합격하지 못한 학생들의 손을 잡아주어야 했습니다.

저는 인생의 절반을 교육 시장에 몸담아 왔습니다. 사교육의 중심지인 대치동, 분당에서 약 20년 이상 아이들에게 공부를 가르쳤습니다. 매우 치열하게 말이죠. 또 제가 맡은 아이들을 반드시 좋은 대학에 보내기 위해 치밀하게 전략을 짜왔습니다. 제게 1년은 5번의 시험입니다. 학기 중 4번의 시험(1·2학기 중간고사와 기말고사)과 1번의 시험(수능)이 끝나면 1년이 훌쩍 지나갑니다. 같은 상황이 20번 반복되었고, 그렇게 20년이 흘렀습니다.

어릴 적, 누군가 제게 '너는 앞으로 인생의 대부분, 아니 어쩌면 죽기 전까지 입시에서 벗어나지 못할 운명이야'라고 말해주었다면 저는 그 즉시 공부를 멈추고 한국을 떠났을지도 모릅니다. 제 일을 부정하거나 불만을 털어놓고 싶은 것이 아닙니다. 대한민국에서 입시를 대비한다는 것이 그만큼 어려운 일이라는 것을 말하고 싶었을 뿐입니다.

앞에서도 잠깐 언급했는데, 제가 가르친 학생의 친한 친구가 자살을 했을 당시의 일입니다. 그때가 학교 시험 기간이었는데, 그 학생의 어머니께서 학원에 찾아와 눈물을 글썽이며 하신 말씀이 기억에 남습니다.

"혹시라도 우리 아이가 이 사실을 알고 상처를 받을까 봐 걱정하는 것이 아니라 시험을 망칠까 봐 걱정하는 제 모습에 너무 놀랐어요."

이렇듯 입시를 준비한다는 건 아이나 부모 모두에게 어려운 일입니다. 힘들고 아픈 상황에서도 뒤처질까 걱정하고 두려워해야 합니다. 이 사건은 제게 대한민국의 입시 현실을 다시금 자각시키는 계기가 되었습니다.

• • •
입시 열기는 식은 적이 없다

모두가 이 말도 안 되는 입시지옥에 빠져버린 건 언제부터였을까요? 생각해 보면 공부와 시험으로부터 고통받았던 것이 어제오늘만의 일은 아닙니다. 우리나라 사람들이 입시에 목숨을 걸었던 역사는 그 뿌리가 생각보다 훨씬 더 깊습니다.

지금과는 좀 다른 형태지만 조선시대에도 현재의 '대입'과 유사한 제도가 있었습니다. 바로 '과거시험'입니다. 과거시험에 대한 선조들의 열망은 어떠했을까요? 말 그대로 어마어마했습니다. 실록에도 기록이 될 정도니 말입니다. 『선조실록』에는 다음과 같은 내용이 기록되어 있습니다.

지금 의주의 토병이 뿔뿔이 흩어졌으나 과거시험으로 이들을 소집한다면 이들을 모으는 일은 그리 어렵지 않을 것입니다.

-『선조실록』권27 선조 25년 6월 임자

전쟁도 과거시험의 열기를 막진 못했습니다. 임진왜란이 일어난 해에도 시험이 실시되었을 정도니까요. 실제로 선조는 신하들의 진언을 받아들여 곧바로 무과를 시행하였고, 실제로 달아났던 지역민들이 점차 모여들어 텅 빈 의주 성 안에 사람들이 차기 시작했습니다.

이뿐만이 아닙니다. 성종 20년에는 한 선비가 76세의 나이로 대과에 합격하는 사건이 벌어집니다. 76세는 지금도 적지 않은 나이입니다. 하물며 조선시대에는 훨씬 더했죠. 그 나이에 과거시험을 본다는 것은 벼슬에 뜻이 있었던 까닭은 아닐 것입니다. 과거시험에 풀지 못한 한이 있었을 것이고, 이를 해소하기 위했던 것이 아닐까 짐작해 봅니다. 아마 이 선비는 평생을 과거에 매달려 왔을 겁니다.

한편, 과거시험에 합격하기 위한 사교육 열풍도 대단했습니다. 실록에는 다음과 같은 내용이 등장합니다.

성균관과 사학(四學, 조선시대 서울에 위치한 학교)에 모여 학업을 연마하지 않고 서울과 지방의 선비들이 사사로이 집에서 배우고 있습니다.

-『중종실록』 권88 중종 33년 10월 계묘

공경대부(높은 벼슬을 한 관인)도 자제들을 취학시키는 것이 드물고 모두 마을에 흩어져 놀며 각자가 다른 선생을 구합니다.

-『중종실록』 권86 중종 32년 12월 정사

이것만 보아도 조선시대부터 입시와 사교육에 대한 열기가 얼마나 뜨거웠는지 짐작할 수 있습니다. 이 상황은 시간이 한참 흐른 지금과 크게 다르지 않습니다. 요즘 부모님들은 대학이라는 좁은 관문을 자녀가 성공적으로 넘을 수만 있다면 시간과 돈과 노력을 아끼지 않습니다. 어떤 사람은 부정한 방법을 써서라도 이 경쟁에서 이기려 합니다. 현실이 이러한데 "사교육을 없애고 공교육을 정상화하자", "대입에 대한 과열된 분위기를 바꾸자" 하고 외치는 것이 공허하게 들리는 것은 당연한 일인지도 모릅니다. 입시는 예나 지금이나 전쟁입니다. 임진왜란이라는 큰 전쟁도 그 열망을 꺾지 못했으니 어쩌면 전쟁보다 더 무서운 싸움일 수도 있겠습니다.

※ 본 내용은 연세대학교 이원재 교수님의 『과거공부를 알아야 우리교육이 보인다(문음사 | 2011년)』 속 내용을 인용하였음을 밝힙니다.

. . .

입시를 알고,
내 아이를 아는 것

대입이 전쟁이라면 응당 이에 맞는 전략과 전술이 필요할 것입니다. 저는 모든 전쟁에서 가장 기본이 되는 전략을 자신 있게 말할 수 있습니다.

知彼知己百戰不殆
지피지기백전불태

춘추전국시대의 명장 '손무'의 「손자병법」에 전해지는 내용입니다. 해석해 보면 '적을 알고 나를 알면 백 번을 싸워도 위태롭지 않다'라는 뜻이죠. 아주 단순하고 명료하지만 모든 승부에서 승리를 거머쥐게 할 마법의 전략입니다.

저 역시 크고 작은 싸움을 거쳐 오늘날 이 자리에 서 있습니다. 여기서 '싸움'은 타인과의 외적 갈등을 말하는 것이 아닙니다. 저를 둘러싼 수많은 문제와 이를 해결해 나가는 모든 과정을 말하는 것입니다. 저는 어떤 상황이 닥치더라도 '지피지기백전불태'를 가슴에 깊이 새기고 임해왔습니다. 이 문장을 자녀의 학업에 대입해 보겠습니다.

"입시를 알고, 내 아이를 아는 것"

이 문장은 이 책의 처음과 끝을 관통합니다. 우리가 실패하는 이유도, 실패를 성공으로 돌릴 수 있는 방법도, 앞으로 나아가야 할 방향도 모두 들어 있습니다. 입시를 알고 내 아이를 알면 대입이라는 전쟁에서 반드시 이길 수 있습니다. 그리고 전 이 책에서 전쟁에서 승리를 거머쥐게 할 필승 전략을 공유할 계획입니다.

"아이가 아직 초등학생이에요. 지금 필승 전략을 익힌다 해도 몇 년이 흐르면 대입 역시 많이 바뀌지 않을까요?"

네, 시간은 많은 것을 변화시킵니다. 하지만 대입이 사라지지 않는 한 세월이 흘러도 변하지 않는 것들이 있습니다. 그리고 그 것이 대입의 승패를 결정하는 가장 중요한 요소입니다. 약간의 과장을 보태자면 '대입'이라는 전쟁에서 명심해야 할 '진리'입 니다.

가급적 빨리 알아챌수록 좋습니다. 그래야 대비가 가능하고 그만큼 유리해집니다. 당장 달달 외우거나 아이에게 알려주지 않아도 괜찮습니다. 다만 시간이 흘러 입시에 있어 혼란스러운 순간이 찾아왔을 때나 여러 결정을 앞두고 있을 때, 어디에도 물 어보기 어려운 상황일 때 이 책을 다시 꺼내 읽어보시길 바랍니 다. 그 순간마다 여러분이 길을 잃고 헤매지 않도록 큰 맥락과 방향을 명확히 짚어드리겠습니다.

아이의 학년이나 처한 상황에 따라 읽히는 부분은 다 다를 것 입니다. 같은 내용이지만 다르게 이해되는 순간도 있으실 겁니 다. 다양한 방식으로 이 책이 여러분께 도움이 될 수 있다면 저 는 더 이상 바랄 게 없습니다. 이 책을 읽는 모든 분들이 대입이 라는 전쟁에서 승리의 기쁨을 누리길 진심으로 응원합니다.

초등맘의 오해와 진실

· · ·

초등맘이 두려운 이유

"첫째인가요?"

학원에 상담을 오신 부모님들을 만날 때 맨 처음 드리는 질문입니다. 여기에 부모님이 '첫째'라고 답하는 순간부터 상담 난이도는 한 단계 상승합니다. 아마 대다수 고등부 담당 선생님들의 생각도 저와 다르지 않을 것입니다. 초중고 부모 중 가장 상담하기 어려운 사람이 누군지 묻는다면 1초도 망설이지 않고 대답할 수밖에 없습니다. '초등맘'이라고요.

"아니, 고등학생이 제일 고민 많지 않아요? 당장 입시잖아요."

이렇듯 사람들은 대부분 아무래도 이제 막 입시를 알아가려는 초등학생보다 당장 입시를 앞두고 있는 고등학생을 상담하는 것이 더 어려울 거라 짐작합니다. 실상은 그렇지 않습니다. 대입은 경험의 빈도에 따라 관점이 달라지기 때문입니다. 선생님이 어느 정도 전문적인 지식만 갖췄다면 고등학생 자녀를 둔 부모와의 상담은 크게 어렵지 않습니다. 그들은 이미 수많은 전투(시험)를 치러본 경험이 있고, 아이의 현 상태를 판단할 객관적인 지표(성적표)가 있으며, 지금까지 쌓아온 성공과 실패의 역사가 있기 때문입니다. 이들과는 눈앞에 닥친 대입을 성공적으로 격파하기 위해 상당히 전략적이고 현실적인 대화가 오갈 수밖에 없습니다.

그러나 학년이 내려갈수록 이와는 반대의 상황이 펼쳐집니다. 고등 학부모의 상황과 달리 초등 학부모는 전투의 경험이 적고, 객관적인 지표가 없으며, 성공과 실패의 역사 또한 많지 않습니다. 따라서 상당히 이상적이고 막연한 이야기만 오가다 낙담으로 얼룩진 채 상담이 마무리되는 경우가 많습니다. 안타깝지만 현실은 그렇습니다.

초등 학부모들의 가장 큰 문제 중 하나는 '정확하게 아는 것이 없다'는 것이고, 이보다 더 큰 문제는 '들은 것이 많다'는 사실입니다. 정리해 보면 '아는 것은 없고 들은 것이 많다'가 됩니다. 이렇게 되면 어떤 일이 벌어질까요? 아이 교육에 있어 자신도 모르는 사이 섣부른 생각에 사로잡히고 이상한 확신이 싹트게 됩니다. 부모 스스로가 하는 질문의 의도를 헷갈리기 시작하고, 아이를 위해 원하는 것이 정확하게 무엇인지 혼동하기 시작합니다.

마음 깊은 곳에서는 아이가 '좋은 대학'에 가길 원하고 있지만, '인성'도 '체력'도 중요하고, '예술적인 감각'도 길러야 하며, '문해력'이 중요하다고 하니 이를 위해 독서도 열심히 시켜야 하고, 더불어 '리더십'도 갖추면 좋겠는데 그것도 단순히 리더가 아닌 글로벌한 리더로 길러야겠으니 해야 할 것은 너무 많고, 어디서부터 또 무엇부터 손대야 할지 몰라 막막해집니다.

이런 상태로 학원을 찾아오면 상담을 하는 입장에서도 함께 답답해집니다. 목표가 분명하지 않고 생각만 많으니 명확한 답을 찾아주기가 어렵습니다. 이런 이유들 때문에 초등 학부모와의 대화는 상당히 어렵습니다.

자녀 '교육'에서
'무엇'을 선택할 것인가

아이 교육에 있어 부모의 욕심은 끝도 없습니다. 저 역시 초등 아이를 둔 부모로서 아이에게 더 많은 것을 가르치고 싶고 더 넓게 경험하도록 이끌어주고 싶은 마음이 가득합니다. 다만 당부하고 싶은 건 작은 것을 많이 얻으려고 욕심을 냈다가 큰 것을 잃을 수 있으니, 내가 원하는 교육의 본질을 찾고 그 방향으로 집중하여 욕심을 내야 한다는 것입니다.

본질이 명확해지면 고민도 욕심도 한 방향을 향하게끔 집중할 수 있습니다. 나머지는 상황이 따라주는 만큼, 아이가 원하는 만큼만 진행하면 됩니다. 하나만 선택하고 다른 것을 다 포기하라는 것이 아닙니다. 가장 중심이 될 한 가지를 선택하고 그에 맞게 효율적인 계획을 세우되 상황이 되는 만큼, 아이가 원하는 만큼 확장해 나가라는 것입니다.

만약 부모가 가장 원하고 우선하는 것을 '대입'이라고 판단했다면, '공부'를 선택한 것입니다. 정확히는 '대학을 가기 위한 공부'라는 명확한 목표가 설정되었습니다. 목표가 정해졌으니 이

제 무엇을 해야 할까요?

앞서 말씀드렸던 마법의 필승 전략(지피지기백전불태)을 적용해 지금부터 해야 할 일을 딱 세 가지로 정리해 드리겠습니다.

1) 대입 알기
2) 아이를 객관적으로 판단하기
3) 아이 상황에 맞게 스스로 결정하기

아무리 유명한 입시 컨설턴트가 붙는다고 해도 아이의 모든 스토리를 알 수는 없으니 당연히 놓치는 부분이 생깁니다. 결국 모든 것은 부모와 아이 스스로가 선택해야 합니다. 물론 다른 사람의 말을 참고하거나 정보를 얻는 과정도 반드시 필요합니다. 하지만 최종적으로 부모는 아이의 현재 상황을 잘 이해한 뒤 스스로 기준을 정하고 선택해야만 합니다.

모든 답은 '아이'에게 있습니다. 지금 아이가 몇 학년이든 그건 상관없습니다. 언제나 지금이 가장 빠른 순간입니다. 오늘이 바뀌면 내일부터는 달라질 수 있습니다. 기억하세요. 아이들은 고3 마지막 순간까지도 계속 바뀝니다. 9월 모의고사에서 5등급을 받았던 학생이 수능에서 1등급을 받거나 그 반대의 상황이 벌어지기도 합니다. 한두 명에게 우연히 일어나는 일이 아닙니다. 매해 수많은 학생들이 겪는 일이죠. 그렇기 때문에 '늦은 시기', '늦은 나이'라는 것은 없습니다.

물론 한 해라도 일찍 방법을 알게 되면 고생을 좀 덜할 것이며, 좀 더 여유 있게 준비해 나갈 수 있습니다. 하지만 그뿐입니다. 반대로 생각하면, 이 모든 것을 늦게 알았더라도 고생을 조금 더 하고 시간을 조금 더 아껴서 바쁘게 활용한다면 충분히 극복할 수 있다는 말이 됩니다. 믿으세요. 힘을 내 시작해 보시길 바랍니다.

✔ **지피지기백전불태는 자녀교육에 있어 빼놓을 수 없는 핵심 전략입니다. 대부분의 답은 아이에게 있습니다. 아이로부터 답을 찾으세요.**
✔ **자녀 교육에서 늦은 시기란 없습니다. 언제나 지금이 가장 빠른 순간이라는 것을 기억하세요.**

• • •
영어 공부, 언제가 좋을까?

아이를 임신하고 있을 때였습니다. 처음에는 뱃속의 아이가 건강하기만을 바랐습니다. 남산처럼 부풀어 오른 배를 어루만지며 늘 이야기했죠.

"건강하게만 나오렴."

진심이었습니다. 그 외에는 바라는 것이 정말 아무것도 없었다고 맹세할 수 있습니다. 다행히도 바라는 대로 아이가 태어났고 건강하게 자라고 있는데, 이제는 건강하기만 한 아이를 보면 속이 터집니다. 즐겁게 놀기만 하는 아이를 위해 학습을 위한 교육이 반드시 필요하다는 생각에 사로잡히죠.

학습과 관련된 교육 중 부모님들께서 가장 먼저 욕심내는 것, 그래서 가장 먼저 시작하는 것은 무엇일까요? 아무래도 '영어'일 겁니다. 이때는 대부분 대입을 위한 목적으로 영어를 시작하진 않습니다.

"내가 나중에 아이를 낳으면 다른 건 몰라도 영어만큼은 네이티브 수준으로 만들어줄 거야. 우리 아이만큼은 영어로 고생 안 하게 할 거야."

오랜 시간 영어로 받은 서러움과 영어를 잘하는 사람들을 향한 동경 같은 자신의 경험이 뒤섞여 부모가 되기도 전부터 이런 생각을 하곤 하죠. 하지만 여기에는 뚜렷한 목적이 없습니다. 이 바람이 유학을 위한 것인지, 대입을 위한 것인지, 글로벌 인재로 키우기 위해서인지, 훗날 영어에 대한 두려움을 없애기 위함인지……. 그 목적은 분명치 않지만 필요하다는 생각에 일단 시작합니다. 많이 가르쳐두면 언젠가 아이에게 도움이 될 것이라는 믿음으로 말입니다. 높은 비용을 지불하고 온갖 교재를 사서 아직 기어 다니지도 못하는 아이에게 밤낮으로 영어 동요를 틀어주고, 기저귀를 떼기도 전에 영어 학원과 영어 유치원을 알아봅니다.

이때 기억해야 할 것은 지금은 예전과 많이 달라졌다는 것입니다. 시대가 변했습니다. 부모님들이 영어로 서러움을 겪었던 시절과 지금은 많이 다릅니다. 네, 물론 더욱 글로벌하게 바뀌었죠. 하지만 그만큼 각국이 차지하는 위상도 예전과 많이 달라졌고 기술도 많이 발전되었습니다. 예전에는 영어를 잘하려면 학원에 등록하고, 시간과 비용을 많이 투자해야 했지만 이제는 마음만 먹으면 집에서도 손쉽게 영어를 접하고 배울 수 있습니다. 아이도 어른도 각자 자신에게 맞는 방법을 찾아 학습할 수 있죠. 또 인터넷 검색이 발달되었고 번역 기술도 점점 좋아졌습니다. 유튜브 영상만 하더라도 세계 각국의 말로 쓰인 댓글을 번역 기능을 통해 바로 한국어로 확인할 수 있습니다. 이른바 '언어'에서 자유로운 시대가 오고 있다는 말입니다.

어느 정도의 영어 구사 능력을 갖추고 있다면 삶에서 많은 이점이 있다는 것을 부정하지는 않겠습니다. 영어 공부를 하지 말라는 뜻은 아니니까요. 다만 공부의 목적이 분명해야 한다는 겁니다. 해외 유학을 목적으로 삼은 것이 아니라면 과도한 영어 교육을 하는 것에 대해 다시 생각해 보시면 좋겠습니다. 만약 제게 아이의 영어 실력은 어느 정도로 갖춰야 좋을지를 묻는다면 전 이렇게 답할 겁니다.

"해외여행이 두렵지 않고, 일상적인 의사소통이 가능하며, 내가 필요로 하는 분야를 익히고 배울 수 있는 정도면 되지 않을까요?"

그리고 이 정도의 영어 실력이 목표라면 대한민국에서 대입을 위해 공부하는 수준만 갖춰도 충분합니다. 제가 이렇게 자신 있게 단언하는 데는 이유가 있습니다. 저는 중학교 1학년에 본격적으로 영어 공부를 시작했고, 대입을 위한 영어만 학습했습니다. 그러다가 2004~2005년에 국가사업에 선발되었습니다. 한국의 IT 기술과 언어, 문화를 알리기 위해 태극기를 가슴에 달고 각국의 대사를 만나는 등 국가적인 업무도 수행해야 했습니다. 그때

제가 담당한 부분이 영어 통역입니다. 그때까지 제가 한 영어 공부는 대입을 위해 공부한 것과 6개월 동안 학원 새벽반에서 익힌 회화가 전부입니다. 물론 6개월간 열심히 배웠습니다. 딱 이만큼의 실력으로 공식적인 모든 일정을 소화했고, 통역도 했습니다. 중간 중간 어려움도 있었지만 전자사전을 열심히 활용하며 활동을 성공적으로 잘 마쳤습니다.

그때가 20년 전입니다. 지금은 그때보다 모든 환경이 좋아졌습니다. 스마트폰이 번역기 역할을 하고 심지어 정확도도 높습니다. 저는 6개월간 잠과 사투를 벌이면서 집에서 1시간 남짓한 위치에 있는 학원에 가기 위해 버스와 지하철을 갈아타는 수고를 들여야 했지만 지금은 기기의 전원을 켜고 버튼만 누르면 즉시 본인 실력에 맞는 영어 수업을 받을 수 있습니다.

아이가 글로벌 리더로 성장하길 바라는 원대한 꿈을 가진 부모라면 교육의 목표를 '영어 공부'가 아닌 '올바른 가치'를 심어주는 것에 두어야 합니다. 다른 언어와 마찬가지로 영어 역시 생각과 가치를 표현하는 도구일 뿐입니다. 도구에는 이토록 많은 비용과 노력을 들이면서 정작 가장 본질이 되는 '건강한 가치'에 대해서는 크게 신경을 쓰지 않는 경우가 많습니다. 하지만 많은 사람들을 감동시키고 설득할 수 있는 가치가 부재하다면, 아무리 유창하게 영어를 잘해도 아이는 결코 글로벌 리더로 성장할 수 없을 것입니다.

모든 공부의 적기는 '아이가 필요로 할 때'입니다. 훗날 아이가 필요에 의해 영어를 공부해야 할 때 시작이 너무 힘들지 않도록 기본기만 만들어놓으면 된다고 봅니다. 그리고 그 기본은 대입 영어로 충분합니다.

✔ 영어 조기 교육의 궁극적인 목표가 무엇인가요?
✔ 아이를 글로벌 리더로 만드는 것은 영어가 아닌 '가치'입니다. 영어는 생각의 가치를 드러내기 위한 도구일 뿐입니다. 보다 힘써야 하는 중요한 교육은 '건강한 가치'를 만드는 것입니다.

● ● ●
'국어'가 입시 성패를 결정한다

사실 대입만 생각한다면 영어보다는 국어 실력이 훨씬 더 중요합니다. 2018년 이후부터는 수능 영어가 절대평가로 바뀌었기 때문입니다. 영어는 주요 과목(국영수사과) 중 유일하게 절대평가에 해당되는 과목으로 일정 점수만 넘으면 모두 동점으로 처리

됩니다. 그래서 대입에서 변별력을 가르고 당락을 좌우하는 것은 영어가 아닌 '국어'입니다. 지난 몇 년간의 결과를 보면 실제로 학생들은 영어보다 국어를 어려워하여 더 많이 틀리고 있습니다. 국어를 수학보다도 어렵다고 느끼는 학생들도 상당히 많았습니다.

2021~2022학년도 수능 주요 영역 만점자 수

영역	2021학년도 수능		2022학년도 수능
국어	0.04%(151명)		0.01%(28명)
수학	가형	0.70%(971명)	0.63%(2,702명)
	나형	0.53%(1,427명)	
영어(1등급 비율)	12.66%(53,053명)		6.25%(27,830명)

※출처: 에듀동아(http://edu.donga.com/?p=article&ps=view&at_no=20211209120800393337)

위의 표를 살펴보면 2021년 수능에서 국어 만점자는 수학, 영어 만점자에 비해 상당히 적습니다. 심지어 2022년에는 압도적인 차이를 보이고 있죠. 국어 만점자는 전국에 28명(0.01%)에 불과하지만 수학 만점자는 2702명입니다. 대입에서 국어와 수학 과목만 두고 봤을 때 만점자가 대략 100배나 차이나는 것입니다. 영어 1등급(영어는 절대평가라서 1등급과 만점이 동일함)은 2만

7830명으로 더욱 비교가 되지 않습니다.

대입 평가는 '난이도'를 반영하고, 난이도를 반영한 가중치 점수인 '표준 점수'로 결정됩니다. 같은 100점이라도 난이도에 따라 다르게 평가된다는 말입니다. 이러한 현실에 맞춰서 생각해보면 절대평가로 바뀐 영어와 여전히 상대평가를 유지하고 있는 국어, 수학이 대입에서 차지하는 비중은 다를 수밖에 없습니다.

정리하자면 영어는 주요 과목 중 대입에서 상대적으로 영향력을 가장 적게 미치는 과목입니다. 누군가는 영어를 교육하는 이유가 대입만을 위한 것이 아니지 않느냐고 말할 것입니다. 그 말도 맞습니다. 하지만 앞서 말씀드렸듯 부모는 '자녀교육에 있어 목적이 무엇인지'를 더 명확하게 하셔야 합니다. 뚜렷한 목적을 갖고 있지 않으면 아차 하는 사이에 불안해지고 주변의 말과 행동에 쉽사리 휩쓸리게 될 것입니다. 우리에게 주어진 시간은 한정적이기에, 그렇게 휩쓸리는 사이 더 중요한 것을 놓칠 수 있습니다.

저는 대입을 위한 우리나라의 영어 교육에 지나친 부분이 있다고 생각합니다. 오히려 영어 유치원에 들이는 노력의 절반이라도 국어 교육에 투자한다면 이후 입시를 성공적으로 이끄는 데 큰 도움이 될 것입니다. 국어는 영어처럼 큰 비용을 들일 필요도 없고, 반드시 전문가의 도움을 받지 않아도 되는 투자 대비 효율이 높은 과목입니다. 또한 영어로 대화를 잘할 수 있는 것과 시험을 잘 보는 것은 다른 영역입니다. 말을 잘하는 것과 국어 성적이 좋은 것은 별개라는 것을 생각해 보면 이해가 되실 겁니다. 그렇기 때문에 현재 여러분이 이미 하고 있거나 계획 중인 영어 교육이 이후 아이 교육을 위한 '목적'에 맞는지를 잘 따져 보시길 바랍니다.

물론 대입에 초점을 맞추더라도 영어 조기 교육이 분명 도움이 되었다고 말하는 경우도 있습니다. 일찍부터 사교육을 받고 영어 유치원을 다니면서 영어를 빨리 접한 덕분에 나중에 영어를 쉽게 이해할 수 있게 되었고, 수능 영어 시험에도 많은 도움이 되었다는 것이죠.

다시 말씀드리지만 영어 유치원과 영어 조기 교육이 잘못되었다는 것이 아닙니다. 아이가 즐겁게 배우고 새로운 경험을 하는 것은 문제가 될 만한 일이 아니니까요. 다만, 교육의 목적이 대입에서 좋은 성적을 거두는 것이라면 영어 유치원이 필수 코스는 아니기에 누구나 다 같은 방식으로 가르칠 필요가 없다고 말씀드리는 것입니다. 결국 모든 것은 아이의 상황에 맞게, 목적에 맞게 선택하면 됩니다.

✔ 자녀교육의 목적이 무엇인가요?

✔ 선택한 목적을 위해 버려야 할 것은 무엇인가요?

• • •

우리 아이에게 '선행'은 꼭 필요한 선택일까?

최근 몇 년간 코로나19로 인해 집에 머무르는 시간이 많다 보니 디지털 매체가 엄청난 속도로 확산되었습니다. 그중에서도 특히 유튜브는 굉장한 속도로 성장했습니다. 신문이나 뉴스, 일부 방송을 통해서만 만날 수 있던 교육 전문가들이 여기저기서 모습을 드러내기 시작했고, 그들의 입을 통해 수많은 정보가 폭우처럼 쏟아지고 있습니다. 장점도 있고 단점도 있겠지만 저는 장점이 더 많다고 봅니다. 소수에 의해 조작되거나 혹은 일방적이었던 정보 전달 방식에 많은 변화가 생기고 있기 때문입니다. 좋은 정보, 나쁜 정보 할 것 없이 다양한 정보를 접하다 보면 기존의 생각이 많이 깨지고 진짜와 가짜를 구분할 수 있는 안목도 생깁니다.

선행도 마찬가지입니다. 저는 대입 국어학원과 수학학원을 동시에 운영하고 있습니다. 선행에 있어서는 국어보다 수학을 향한 부모들의 교육열이 더 높다는 것은 말하지 않아도 아실 겁니다.

불과 몇 해 전까지만 해도 제가 살고 있는 분당을 비롯해 강남, 목동 등 교육열이 높은 지역에서 선행은 선택이 아닌 필수였습니다. 초6 학생이면 고1 수준의 수학 진도를 한두 바퀴 돌리는 것이 일반적이었으니까요. 이에 대해 학생들과 학부모님들의 인식을 바꾸려 아무리 노력해도 쉽지 않았습니다. 주변 사람 모두가 이렇게 하고 있었기 때문입니다.

하지만 최근 이런 선행을 바라보는 인식이 많이 변화했습니다. 여러 매체에서 진짜 전문가가 등장해 '선행학습'의 문제를 전문적인 관점에서 논리적으로 이야기하고, 이에 공감하는 사람들도 많아졌기 때문이라고 추측해 봅니다. 대입 최전방에서 수십 년간 치열한 커리어를 쌓아온 일타강사들이 선행에 대해 부정적인 의견을 전하는 것은 그들의 이익을 위한 것은 아닐 겁니다.

선행학습 자체가 나쁜 것은 아닙니다. 선행학습이 필요하고 그로 인해 많은 도움을 받는 아이들도 있으니까요. 다만 선행이 '내 아이'에게 도움이 되는지에 대해서는 잘 따져볼 필요가 있습니다. 그렇다면 내 아이에게 선행이 도움이 되는지는 어떻게 알 수 있을까요? 그 답은 아이에게 있습니다. 누군가는 선행을 통해 많은 효과를 봤고, 그 덕분에 명문대에 합격할 수 있었을 것입니다. 그러나 그건 '어느 누군가'의 이야기일 뿐이고, 과연 '내 아이'에게도 맞는 방식인지는 보다 깊이 생각해 보아야 합니다. 제가 오랜 기간 지켜본 바에 따르면 상당수의 아이들이 선행은커녕 현행학습조차 제대로 소화하지 못하고 있습니다. 현행학습에서 구멍이 난 상태로 선행학습을 하는 것이 과연 바람직한 일일까요?

현행에 대한 이해가 충분할 때 선행도 의미가 있는 것입니다. 제 학년 진도도 온전히 이해하지 못했는데, 제 학년보다 빠른 진도를 다루는 것은 논리적으로 말이 되지 않습니다. 어떤 사람들은 아이가 이해를 하든 못 하든 간에 선행을 미리 여러 번 돌리면 제 학년이 되었을 때 현행 공부가 더 쉬워질 거라고 말하기도 합니다. 수학의 경우 중간 과정을 뛰어넘은 채 무작정 공식을 외워 문제를 풀게 할 수는 있겠죠. 하지만 이런 방식은 당장 눈앞의 문제를 풀 때만 유용할 뿐입니다. 수험 생활을 고3까지 길게 놓고 보면 종국에는 수학적 사고와 훈련을 망치는 결과로 이어질 수 있다는 것을 깨달아야 합니다.

종종 수학의 목표를 선행으로 착각하는 학부모님들이 많습니다. 그러나 수학의 목표는 '수학'을 이해하고 또 이해한 것을 바탕으로 문제를 해결하는 능력을 향상시키는 데 있어야 합니다. 현행이 제대로 쌓여 있지 않은 상태에서의 선행은 아이에게 독이 될 가능성이 높습니다. 선행을 하기 전 아이가 현행 진도를 충분히 이해하고 있는지 부모의 판단이 필요합니다.

아이가 현행 진도를 충분히 이해하고 있고 이를 응용하는 법까지 깨쳤다면 선행을 시작하셔도 괜찮습니다. 그게 아니라면 현행에 중점을 두고 그 안에서 수학을 이해하는 힘과 문제 풀이 능력을 향상시키는 데 집중하세요. 그 방법은 생각보다 무척 간단합니다.

1) 아이에게 맞는 '진도 찾기'
2) 아이에게 맞는 '교재 선택하기'

아이가 충분히 이해할 수 있는 만큼의 진도만 나가고, 아이가 충분히 이해할 수 있는 교재를 선택하세요. 난이도가 높은 문제집이 무조건 좋은 것은 아닙니다. 이해가 안 되고 소화가 되지 않는 문제만 가득하면 공부를 포기하고 싶은 마음만 커집니다. 맞지 않은 진도와 교재로 오랜 시간 공부를 지속한 아이들은 어느 순간부터 수학적 사고를 멈춥니다. 문제를 볼 때 어떻게 접근할지를 고민하지 않고 '푸는 방법'만 외우려 하기 때문에 조금만 문제 유형이 바뀌면 손을 대지 못하게 됩니다. 그러면 충분히 알고 있는 개념조차 문제에 활용하지 못하게 되어버립니다. 그러니 현재 아이가 수학을 많이 어려워하고 있다면, 먼저 아이에게 맞는 진도와 교재부터 찾아주세요. 이렇게 두 가지만 바꿔도 아이는 수학을 훨씬 편안하게 받아들이고 자신감을 갖게 될 겁니다.

이미 지난 과정에서 놓친 것이 많다면 어떻게 하는 것이 좋을까요? 처음부터 모두 다시 공부해야 하는 걸까요? 그렇지 않습니다. 학기 중에는 현행에 집중해 그날 배운 것을 최대한 이해하는 데 초점을 맞추고, 그럼에도 부족한 부분이 나타난다면 방학을 활용해 놓친 과정을 다시 복습하도록 돕는 것이 좋습니다. 그리고 복습을 할 때는 바로 다음 학기에 배우게 될 내용과 연관되는 부분 중 구멍이 난 곳을 찾아 우선적으로 학습하는 것을 추천합니다.

✔ **아이 공부에 있어 선행이 목표가 되어서는 안 됩니다. 현행에 충실하며 아이의 학습에 결손이 생기지 않도록 하는 일이 그 어떤 교육보다도 중요합니다.**
✔ **아이가 자신의 수준에 맞는 학습(진도와 교재)을 하고 있는지 늘 확인해야 합니다.**

필독서보다 중요한 건
'즐거운 독서 경험'

"선생님, 아이에게 어떤 책을 읽히면 좋을까요? 필독서 리스트 좀 뽑아 주시면 안 돼요?"

많은 학부모님께서 제게 자주 요청하는 것 중 하나가 바로 필독서 추천입니다. 하지만 제가 입시 국어 전문 강사로서 절대 하지 않는 것 중 하나가 필독서 리스트를 만들고 읽도록 권하는 겁니다.

독서는 남녀노소를 불문하고 누구에게나 긍정적인 영향을 줍니다. 저는 인생의 중요한 순간마다 책을 읽었고 그로 인해 정말 많은 것이 바뀌었습니다. 아무도 제시해 주지 않던 해결책을 독서를 통해 얻었고, 때로는 마음의 위안도 얻었습니다. 하지만 제가 이렇게 독서로 많은 것을 얻을 수 있었던 건 부모의 '강요'가 아닌 '스스로의 필요'에 의해 이루어졌기 때문입니다. 만약 부모님의 강요로 책 읽기를 시작했다면 어찌 되었을까요? 지금처럼 책을 좋아하고 찾아 읽지는 못 했을 것 같습니다.

저는 대입을 위해 독서를 해야 한다는 주장에는 동의하지 않습니다. 대입과 독서는 상관관계는 있을 수 있지만 인과관계는 아니라고 보기 때문입니다. 독서를 하면 주요한 과목 중 일부 내용을 이해하는 데 도움을 받을 수 있습니다. 그러나 독서를 많이 해야만 좋은 대학에 가는 것은 아닙니다. 독서를 전혀 즐기지 않을 뿐만 아니라 제대로 읽은 책이 거의 없는 학생 중 명문대에 입학한 사례가 없을까요? 이과에 가면 수두룩합니다. 그중에는 제 남편도 포함되어 있습니다. 유튜브에는 유명 언론사 기자들이 수능 국어 시험을 망치는 영상들이 나옵니다. 이들이 결코 독서를 적게 했거나 문해력이 낮지는 않을 것입니다.

공부를 잘하는 것과 독서는 직접적인 연관이 없습니다. 분명 어떤 일부분에는 도움이 될 수 있겠죠. 제 말은 독서를 열심히 한다고 해서 수능 성적을 잘 받는 것은 아니라는 것입니다. 수능을 잘 보려면 주요 과목 공부를 제대로 하는 것이 정답입니다.

독서만이 문해력과 독해력을 높이는 유일한 방법도 아닙니다. 더 좋은 방법은 따로 있습니다. 바로 주요 과목 교과서를 제대로 읽고 이해하는 것입니다. 대입에서 유리하려면 국어, 영어, 수학, 사회, 과학, 역사와 같은 과목의 내용을 잘 이해하는 것이 훨씬 중요합니다. 초등부터 주요 과목에 대한 이해가 차곡차곡 잘 쌓여 있는 것이 필독도서 100권을 읽는 것보다 대입에 유리하다고 자신 있게 말씀드릴 수 있습니다. 누구보다 많은 책을 읽고도 대학에 떨어지는 경우는 종종 봤지만 주요 과목 교과서를 잘 공부하고 원하는 대학에 가지 못하는 경우는 보지 못했습니다. 대입에 성공하기 위해서는 독서보다 주요 과목 공부가 필수적입니다.

오해하지 마세요. 저는 독서의 중요성을 부인하는 것이 아닙니다. 독서는 한 사람의 가치관을 바꾸고, 인식을 높이고, 때로는 인생까지 변화하게 하는, 중요하고 반드시 필요한 활동입니다. 그러나 강요에 의한 독서는 독서가 가진 수많은 장점들을 희석시킵니다. 강요가 아닌 본인의 필요에 의해 능동적으로 접근할 때 비로소 독서의 가치를 온전히 흡수할 수 있습니다.

그리고 이를 위해 부모가 초등 자녀에게 해주어야 할 것은 필독 리스트를 책상 앞에 붙이는 것이 아니라 '즐거운 독서 경험'을 만들어주는 것입니다. 독서에 부모가 개입하는 순간 아이들은 손에 책을 쥔 채 딴생각에 빠집니다. 겉으로는 독서를 하는 것처럼 보이겠지만 속으로는 괴로운 시간을 견뎌내는 상황이 될 수 있습니다.

독서는 그 자체로 소중한 경험입니다. 그리고 이 경험을 특별하고 가치 있게 만들어주어야 언젠가 꼭 필요한 순간에 아이에게 큰 도움이 될 수 있습니다. 아이에게 즐거운 독서를 경험시켜

주는 것은 인생에서 가장 중요한 스승과 친구를 동시에 선물하는 일입니다. 이 멋진 선물을 욕심과 조바심으로 망치는 일이 없기를 바랍니다.

✔ **다독보다 중요한 건 탐독입니다. 필독서 리스트에 집착하기보다 한 권을 읽더라도 아이가 온전히 생각하며 깊게 이해하는지 살피시길 바랍니다.**
✔ **대입을 위해 가장 중요한 독서는 '교과서 읽기'라는 사실을 명심하세요. 교과서만큼 훌륭한 책도 없습니다.**

대입 제대로 알기

자, 이제 앞에서부터 계속 강조했던 그 마법의 문장이 빛을 발할 때가 되었습니다. 제가 반복적으로 말하는 이 문장을 꼭 오래오래 기억해 두시길 바랍니다.

지피지기 백전불태

대입에 성공하려면 당연히 대입을 제대로 알아야 합니다. 물론 대한민국 사람 중에 '대입'을 모르는 사람은 없습니다. 정규교육을 받은 사람이라면 대부분 대입을 경험해 봤을 겁니다. 학부모라면 누군가의 조언이나 어디선가 들은 컨설팅과 강연을 통해서도 대입에 관한 이런저런 이야기를 많이 들었을 것입니다.

여러분의 생각보다 대입은 '심플'합니다. 대입의 전형은 수없이 바뀌어도 '대입의 본질'은 바뀐 적이 없기 때문이죠. 그렇다면 대입의 본질은 무엇일까요? 이를 이해하기 위해 지금부터 나오는 내용을 다시 한번 생각해 볼 필요가 있습니다. 그래야 우리가 접해왔던 잘못된 정보들에 관한 올바른 생각을 가릴 수 있기 때문입니다.

자, 지금부터는 우리가 잘못 알고 있는 내용을 하나씩 파헤쳐보고 대입의 본질에 대해 정확하게 알아보도록 하겠습니다.

• • •

대입의 오해 ①
대입은 공정하지 않다

대입이 공정하다고 생각하시나요? 아마 많은 분들이 '아니요'라고 대답할 겁니다. 이유는 다양하겠지만 대부분 매체를 통해 입시 비리에 관한 여러 사건들이 보도된 바가 있기 때문일 것입니다. 그럼에도 불구하고 입시는 여러분의 생각보다 공정합니다. 오히려 방금 떠올린 좋지 못한 사건들로 인해 점점 더 공정한 방향으로 나아가려 노력하고 있습니다.

저는 지금, 모두의 상황이 공정하고 평등하다고 말하는 것이 아닙니다. 이 세상 어디에도 완벽하게 공정한 상태는 존재할 수 없으니까요. 사람은 각기 다른 환경에서 각기 다른 신체 조건을 타고 태어납니다. 또 이 세상은 눈에 보이거나 보이지 않는 차별로 가득하죠. 그러니 완벽하게 공정한 환경과 조건은 있을 수 없습니다. 심지어 같은 가정에서 자란 자매, 형제, 남매 사이에서조차도 불공정한 일이 비일비재하니까요.

다시 한번 정확하게 짚자면 제가 말하는 대입의 공정성은 삶의 환경이 공평하다는 말이 아니라 '기회가 공정하다'는 말입니다. 생각해 보면 사회에서 일어나는 일들은 기회마저 공정하지 않은 경우가 참 많습니다. 조금 과장을 보태면 공정하지 않은 일이 대부분이죠. 하지만 대입은 최소한 '기회'만큼은 모두에게 공정하게 제공하고자 노력합니다. 그 자체가 누군가에게는 인생을 뒤바꿀 만큼의 큰 계기가 되기도 합니다.

전 세계적으로 대입만 놓고 보면, 이렇게까지 철저하게 '기회의 공정성'을 지키는 국가는 많지 않습니다. 대한민국에서는 초등학교 입학 이후 누구에게나 똑같은 12년의 시간이 주어집니다. 대부분 같은 연령의 학생들이 똑같은 시험지로 같은 날 평가를 받습니다. 이 정도의 환경을 제공하는 나라는 거의 없습니다.

제가 계속해서 '대입이 공정하다'는 것을 강조하는 이유가 있습니다. 앞서 말했듯 잘못된 생각이 머릿속을 꽉 채우고 있으면 문제의 본질을 정확하게 파악하지 못하게 되고, 이로 인해 판단이 흐려지기 때문입니다. 그래서 스스로 충분히 해결할 수 있고 바꿀 수 있는 상황임에도 애초부터 할 수 없다고 단정하게 되죠. 이는 잘못된 생각으로 꼬리에 꼬리를 물고 이어집니다.

애초에 대입이 공정하지 않다고 전제해 버리면 모든 실패를 '내 탓'이 아닌 '외부'로 돌리게 됩니다. 이런 생각들은 '나 하나'로 끝나지 않습니다. 세상에 대한 원망으로 이어지다 이런 생각에 동조하는 사람들이 무리를 이루게 되기도 합니다. 묵묵히 옳은 방향을 향해 노력하는 사람들을 비난하기도 하고요. 열심히 하지 않는 자신의 모습을 돌아보지 않고 자신의 실패를 '어차피 세상은 공정하지 않아'라는 말로 정당화하는 경우도 부지기수입니다.

대부분의 사람은 어떤 문제를 만나면 두 가지의 태도를 보입니다. 첫째는 눈앞의 문제를 정확하게 파악하고 돌파구를 찾는 것이고, 둘째는 해결책을 찾기보다 세상과 환경을 탓하고 비난하는 것입니다.

저는 이 책을 읽는 모든 분들이 첫 번째 사고방식을 갖길 바랍니다. 막연하게 대입이 불공평하다는 생각이 굳어지면 많은 것들이 부정적으로 보이고 들리게 됩니다. 수많은 전문가들이 심화학습보다 중요한 것이 기본학습이니 기본부터 챙기라고 아무리 말해도 들리지 않습니다. 선행학습보다는 현행학습을, 다양한 책보다는 주요 과목 교과서를 열심히 보라고 말해도 한 귀로 흘려버립니다. "대입이 어떤 시험인데 그렇게 준비해서 되겠어?"라는 생각만 하다가 결국 기본은 다 건너뛰고 이상한 방식에 기대고 의지하게 됩니다.

누구에게나 같은 시간이 주어지기에 방향을 올바르게 설정하는 것은 무엇보다도 중요합니다. 그러려면 누군가의 말이 아니라 자신이 현실을 정확하게 보려고 노력해야 합니다. 잘못된 선택으로 허비한 시간은 다시 돌아오지 않습니다.

• • •

대입의 오해 ②
대입에서는 '재능'이 가장 중요하다

'공부는 유전자'라는 말이 있습니다. 여러분의 생각은 어떤가요? 유전자가 공부를 좌우하는 것이 맞다면, 어쩐지 느낌이 싸~한 우리 아이는 어떻게 해야 할까요? 이번 생은 마음을 비우고 착하게 살다가 다음 생을 기약해야 하는 건가요? 종종 다음과 같은 말을 들을 때가 있습니다. 결국 고등학교에 올라가 보면 머리 좋은 애들이 공부를 잘한다고요. 정말 그런 걸까요?

실제로 제가 오랜 기간 수업을 하며 만난 최상위권 학생들 중에 머리가 너무 좋아 감탄했던 학생들이 있었습니다. 그 아이들은 제가 전달하는 지식을 스펀지처럼 빨아들이고 아직 알려주지 않은 것까지 먼저 이해하고 질문을 했습니다. "와…. 얘는 진짜 머리가 기차게 좋다"고 생각했습니다. 이런 학생을 만나면 가르치는 저도 신이 납니다. 집에 보내기조차 싫을 만큼 옆에 두고 계속 가르치고 싶을 정도입니다. 아마 교육자라면 누구나 이런 마음일 겁니다.

그런데 이런 학생이 몇이나 될까요? 안타깝게도 많지 않습니다. 이 글을 쓰면서 곰곰이 떠올려 보았지만 일단 최근에 만난 학생들 중에는 한 명도 생각나지 않습니다.

대입 현장에서 20년을 일했던 세월을 떠올려 보면 예전에는 분명 노력을 많이 하지 않아도 타고난 재능(머리)으로 좋은 대학에 입학하는 학생들이 많았습니다. 하지만 이제는 재능보다 꾸준히 노력하는 학생들의 명문대 입학률이 더 높습니다. 특히 최근 몇 년 동안 올바른 방향으로 성실하게 학업에 임한 학생들이 명문대에 합격하지 못하는 경우는 거의 보지 못했습니다. 이들은 수능, 내신, 논술 어떤 전형으로든 반드시 합격합니다. 반면 공부머리가 뛰어난데도 불구하고 대입에 실패하는 아이들은 정말 많았습니다. 당연하게도 머리를 믿고 그만큼 노력하지 않았기 때문이죠.

공부를 잘하려면 재능이 필요하다는 말은 일부는 맞고 일부는 틀립니다. 궁극적으로 '학문'에서 성공하려면 반드시 재능이 있어야 합니다. 얕은 재능이 아니라 분명한 재능이 있어야 학문에서 두드러진 성과를 낼 수 있습니다. 이 분명한 재능은 대학 진학 이후에 판가름이 납니다. 두꺼운 전공 서적과 씨름하며 스스로 깨닫죠. 속이 쓰리지만 무수한 천재들의 논문을 보다 보면 인정할 수밖에 없게 됩니다.

하지만 대입에서의 공부는 이런 재능 싸움이 아닌 노력 싸움에 가깝습니다. 대입은 이 학생이 학문을 공부할 준비가 되었는지, 즉 대학을 수학할 자격이 있는지를 확인하는 시험입니다. 전 국민을 대상으로 공부할 기회를 주는 시험은 결코 재능 싸움일 수가 없습니다. 즉, 재능보다는 노력으로 충분히 성과를 낼 수 있는 수준의 시험입니다.

수학 능력을 평가하는 시험은 초중고 교과 과정을 기반으로 하여 문제가 출제됩니다. 즉, 교과서가 기본서가 된다는 것입니다. 그렇기에 수능은 교과서 내용 중심으로 대비해야 합니다. 학창 시절을 한번 돌이켜 보세요. 여러분의 기억 속에 교과서는 이해하기 너무 어려운 책이었을까요? 다시 보면 그리 어려운 책이 아니라는 생각이 들 겁니다. 공부에 재능이 없어도 노력으로 충분히 이해가 가능한 책이라는 이야기에도 공감이 되실 겁니다.

심지어 수능 과목은 계속해서 줄어들고 있습니다. 과목당 시험 범위도 줄어들어 학생들의 부담을 덜기 위해 노력하고 있습니다. 그뿐만 아니라 매년 EBS 교육방송에서는 무료로 수능 교재 수업을 하고 있으며, 그 교재에서 50% 이상 연계해 실전 수능 문제를 출제합니다. 노력으로 대비가 가능하도록 국가가 나서고 있는 것입니다. 흔히 입시 현장에서 킬러 문제라 불리는, 재능이 없으면 풀 수 없는 문제는 점점 사라지고 있습니다. 대신 누구나 쉽게 풀 수 있는 문제 역시 점차 줄고 있습니다.

2022년 대입을 보면 이는 더욱 확실해집니다. 이 시험에서 가장 논란이 된 과목은 국어였습니다. 이때 수능 국어 만점자는 전국에 28명밖에 없었습니다. 수능이 출제된 이후 평가위원장은 말했습니다. 국어 영역에서 초고난도 문제는 분명 없었다고 말이죠. 만점자가 적은 시험에서 초고난도 문제가 없었다니 언뜻 이해가 가지 않지만, 문제를 잘 뜯어보면 틀린 말이 아니라는 것을 알 수 있습니다. 무수히 많은 학생들을 재수의 길로 인도했던 비문학인 헤겔의 변증법도, 기축통화 지문도 모두 EBS 교재에 자세히 나와 있었으니 말입니다. 분명 초고난도 문제는 눈에 띄지 않습니다. 하지만 이게 다는 아닙니다. 대충 어림잡아서 풀 수 있는 문제도 없었기 때문입니다. 모두 정확하게 알아야만 맞힐 수 있었던 문제들이었죠. 결국 뛰어난 강의를 아무리 들어도, 좋다는 부교재를 아무리 풀어도 시험장에서 쉽게 해결되진 않았습니다. 수능은 학생이 교재를 얼마나 완성도 있게 제대로 이해하고 숙지했는지에 따라 승패가 결정되었던 시험이었습니다.

현재 초등학생 학부모라면 학업에서 무엇을 중시해야 할까요? 결과보다는 노력의 중요성을 강조하는 것이 좋습니다. 당장의 결과는 큰 의미가 없으니 연연하지 않길 바랍니다. 지금 아이가 친구들보다 좀 느린 것 같고 뒤처지는 것처럼 보여도 흔들리지 마세요. 주요 과목 교과의 내용을 균형 있게 익힐 수 있도록 도와주시고, 학생 스스로 공부해 나가도록 지지해 주셔야 합니다. 덧붙여 노력이 보다 좋은 결실을 맺도록 도와주려면 현행 교과 내용을 일관성 있게 반복해 완벽히 체득하도록 이끌어주는 것을 추천합니다. 말이 쉽지, 주변 앞서가는 아이들을 보면 조바심이 나고 답답할 수도 있습니다. 하지만 이 방향이 맞습니다. 잘 가고 계신 겁니다. 지금의 노력은 짧게는 6년, 길게는 12년 뒤 반드시 좋은 결과로 보상받게 될 거라 확신합니다.

✔ **대입은 재능을 믿는 아이들보다 노력하는 아이들에게 열려 있습니다.**

✔ **교과서의 힘은 생각보다 강합니다. 교과서를 믿으세요.**

✔ **아이가 잘못된 방향으로 노력을 기울이진 않는지 부모의 점검이 필요합니다.**

● ● ●

대입의 오해 ③

내신과 수능, 두 마리 토끼를 다 잡아야 성공한다

살을 10kg 빼는 가장 좋은 방법이 뭘까요? 적게 먹고 많이 움직이면 됩니다. 다이어트를 해본 사람이라면 알겠지만 적게 먹고 많이 움직이는 것은 정말 힘듭니다. 그래서 대부분의 사람들은 적게 먹고 많이 움직이기를 제외한 그 밖의 다른 모든 방법들을 시도합니다. 결과적으로는 실패하거나 그로 인해 극심한 요요를 겪으며 다이어트가 종료됩니다. 부작용 없이 다이어트에 성공하려면 결국 식단을 조절하고 운동을 시작하는 수밖에 없습니다.

대입도 마찬가지입니다. 좋은 대학을 가려면 어떻게 해야 할까요? 주요 과목의 성적이 좋아야 합니다. 이것이 대입을 위한 공부의 본질입니다. 넘치는 스펙, 훌륭한 자기소개서, 각종 비교과 활동보다 '내신점수', '수능점수'를 잘 받는 것이 더 중요하죠. 내신점수와 수능점수가 훌륭한 학생들은 원하는 대학에 갈 수 있습니다. 기억하세요. 대입에 성공하려면 공부를 해야 합니다. 그것도 '잘'해야 합니다. 공부를 잘하면 잘할수록 아이에게는 더 많은 기회가 생깁니다.

우리가 대입에 목을 매는 이유는 뭘까요? 명문대를 가기 위함입니다. 명문대에서는 어떤 학생, 어떤 인재를 원할까요? 이들은 '똑똑한 인재'를 찾고 있습니다. 그리고 똑똑함의 기준을 '고등 교과 과정에 대한 이해'에 두고 있죠. 그 이유는 대학 입학 후 배우게 될 학문의 이해도를 예측할 수 있는 가장 좋은 지표이기 때문입니다. 그렇기에 대부분의 입학 정원을 객관적인 성적이 우수한 학생들로 충원하는 것입니다.

자, 그럼 대입 성공을 위해 우리가 챙겨야 할 것이 명확해졌습니다. '교과서' 위주로 '주요 과목'을 공부하고 마침내 '수능'을 잘보는 노력을 기울이는 것입니다. 이쯤에서 몇몇 분들의 머릿속에는 물음표가 새겨질 겁니다. 그리고 "그럼 학교 내신 성적, 논술과 면접은 중요하지 않은 걸까?" 하는 생각이 드실 겁니다.

특별한 경우를 제외하고는 내신을 위한 시험은 수능 시험과 동일한 과목에 해당합니다. 게다가 시험 범위나 문제 수준에 있어서도 수능보다 점수를 받는 것이 훨씬 쉽죠. 따라서 수능을 잘보는 것에 목표를 두고 공부한다면 내신 시험도 어렵지 않게 고득점을 받을 수 있습니다.

물론 이에 해당하지 않는 지역도 있습니다. 대치동, 목동, 분당과 같은 몇몇 지역은 내신 1등급 받기가 수능 1등급 받기보다 어렵기 때문입니다.

하지만 어느 지역에서 어떤 고등학교를 다니건 초·중등 과정에서 놓치면 안 되는 기본은 주요 과목인 국영수사과를 교과서 위주로 균형 있게 학습하는 일입니다. 기본이 완벽하게 완성된 이후 선행학습과 심화학습을 소화 가능한 만큼만 밟아나가야 합니다. 그러나 교육열이 높은 지역의 학생들은 대부분 기본을 무시하고 이해도 소화도 불가능한 선행과 심화 위주로 학습을 하기에 아이들이 어려움을 겪습니다.

"워낙 내신이 어려운 지역이라 선행을 그렇게 해도, 심화를 그렇게 돌려도 점수가 안 나온다니까요."

당연한 말입니다. 기본을 건너뛴 상태에서 학생이 선행과 심화를 소화할 리 없기 때문입니다. 결국 많은 학생들이 고생은 고생대로 했음에도 내신 성적은 안 좋고, 무리한 내신 준비 때문에 수능 점수까지 챙길 수 없는 상태에 빠집니다. 이 아이들의 내신 성적이 좋지 않은 이유는 심화나 선행을 돌리지 않아서가 아니라 그만큼의 학습량을 받아들일 기초가 뒷받침되지 않았기 때문입니다. 사실 이런 지역에서는 내신보다는 수능으로 대학가는 것이 더 유리합니다. 그렇다면 더더욱 결국 사용하지도 않을 내신 성적에 매달리는 것보다 수능을 위한 기본을 충실히 밟아나갔어야 합니다.

아이들은 제각기 다른 속도를 가지고 있습니다. 우리 아이의 속도와 능력이 어떤지 살펴보고 수능과 내신을 둘 다 챙길지, 아니면 둘 중 하나에 더 집중할지 선택하세요. 내신 성적을 잘 받기 어려운 지역에 살고 있는 이상 선택을 피할 수는 없습니다. 이러한 선택에는 확신과 용기가 필요하고, 그러려면 입시의 본질을 꿰뚫어야 합니다. 그렇지 않고서는 아무것도 손에 쥘 수 없습니다.

✔ 기본을 놓치면 대입에 성공하기 어렵습니다. 여기서 기본은 '현행의 완벽한 이해'를 말합니다.

✔ 교과서를 중심으로 국영수사과 주요 과목을 대비하는 것이 향후 입시에서 아이에게 가장 강력한 무기가 됩니다.

✔ 수능과 내신 두 마리의 토끼를 잡으려다가 다 놓칠 수 있습니다. 자녀의 속도와 능력을 파악한 뒤 결정하시길 바랍니다.

'부모'에서 '학부모'로, 인식의 전환이 필요한 시점

* * *

부모라는 무게

사랑하는 사람과 그림 같은 집을 짓고 살며, 초록 잔디가 깔린 마당에서는 아이가 뛰놉니다. 깔깔 웃는 아이 뒤로 눈부신 햇살이 쏟아집니다. 제가 꿈꾸는 가정의 모습이었습니다. 하지만 현실은 상상과 많이 달랐습니다. 더 설명하지 않아도 아실 겁니다. 그중에서도 가장 충격적이었던 건 아이를 향한 제 감정이었습니다. 저는 아이가 태어나면 그 즉시 모성애가 생기는 줄 알았는데, 아니었습니다. 제가 낳은 아이를 처음 보는 순간 감동보다는 어리둥절한 기분이 들었습니다.

작은 얼굴을 있는 힘껏 찌푸리며 인상을 쓰고 있는 아이. 드라마나 책에서 묘사하는 감동과 감격은 없었습니다. 책임감에 어깨가 짓눌려지는 느낌인데다 두렵고 당황스러웠으며 부담감 또한 상당했습니다. 그리고 이런 생각이 퍼뜩 떠올랐습니다.

"이건 뭔가 대단히 잘못되었다."

몇몇 육아서와 인터넷 맘 카페 정보에 의존하며 간신히 하루하루를 버텨나갔습니다. 그동안 수없이 많은 학생들을 상대했지만 제가 가진 지식은 '학업'에 한정된 것이었을 뿐, 말도 통하지 않는 아이에겐 아무런 의미가 없었습니다.

부모도 엄마도 처음이라 두려웠습니다. 이 마음은 때로는 괴로움으로, 때로는 죄책감으로 시시각각 변했습니다. 혼란스러워하는 제게 친정어머니는 아이가 태어난다고 해서 바로 부모가 되는 것이 아니며, 양육의 경험을 쌓아나가면서 부모가 되는 것이라고 조언해 주셨죠. 어머니의 말에 안도했습니다. 부모 역시 완성된 존재가 아니라 성장하고 배우는 존재라는 사실이 큰 위로가 되었습니다. 시간이 지나자 마음에 안정이 찾아왔습니다. 아이와 보내는 시간이 쌓이면서 사랑도 함께 쌓여가는 것을 느껐습니다. 그렇게 몇 년을 보내고 나니 두려움과 염려가 기쁨과 행복으로 변화했습니다. 이 감정들에 익숙해질 때쯤 저는 어느덧 학부모가 되었습니다.

아이가 초등학교에 입학하고 동시에 제가 학부모가 되면서부터는 훨씬 더 여유가 생겼습니다. 왜냐하면 이제부터는 제가 잘 알고 있는 영역이었기 때문입니다. 하지만 대부분의 부모님들께는 반대의 상황이 펼쳐질 것입니다. 부모의 역할을 힘겹게 받아들였는데 미처 적응하기도 전에 학부모가 되어 아이 공부에까지 신경 써야 하니 걱정이 이만저만이 아닐 겁니다. '나도 잘 모르는데…' 나의 잘못된 선택과 판단 때문에 아이 미래에 혹시 지장이 생길까 봐 두려워하고 계실 테죠. 누구보다 잘 키우고 싶은 마음이 있고 열정과 책임감도 있지만 어떻게, 어디서부터 시작해야 하는지 그 방법을 몰라 막막하고 힘든 분들도 계실 겁니다.

학부모들이 느끼는 감정이 제가 처음 부모로서 느꼈던 막막함보다 덜하지 않을 거라 생각합니다. 그래서 학부모들의 심정과 입장을 잘 이해하고 있습니다. 막막한 것이 당연합니다. 부모가 처음이듯 학부모도 처음이기에 어려울 수밖에 없습니다. 그렇기에 학부모로서의 역할을 진지하게 고민하는 시간이 모든 부모에게 필요합니다.

부모와 학부모는 3가지가 다르다

　부모와 학부모? 딱 한 글자만 더해졌을 뿐인데 뭐가 다른 걸까요? 일반적으로는 부모와 학부모를 다르게 보지 않습니다만 저는 부모와 학부모 사이에는 분명 다른 부분이 존재한다고 생각합니다. 어떤 차이가 있는지를 이해해야 혼동을 줄일 수 있기에 먼저 이것부터 살펴보겠습니다.

　부모와 학부모는 크게 3가지가 다릅니다.

　첫째, '기간'이 다릅니다. 부모는 아이가 태어난 순간부터 평생 유지되는 역할이라면 학부모는 그 기간이 정해져 있습니다. 학부모는 '학생'의 부모입니다. 즉, 아이가 학교를 다니는 동안이 학부모로서 머무르는 기간인 셈이죠. 초1부터 고3까지 총 12년, 한정된 시간 동안 결과를 내야 하니 학부모가 되는 순간부터는 정말 많은 것이 바뀝니다. 아이를 대하는 태도에도 변화가 생기고 이로 인해 아이와의 관계도 바뀌게 되죠. 밝고 긍정적인 면이 예뻤던 아이였는데, 이젠 안 좋은 점수를 맞고도 웃고 있는 아이를 보면 화가 치밀어 오릅니다. 어제까지의 장점이 단점으로 변하는 순간을 겪으며 아이도 부모도 혼란을 느낍니다.

둘째, '목표'가 다릅니다. 부모의 목표는 간단합니다. 아이가 몸도 마음도 건강하게 성장할 수 있도록 도와 독립시키는 것이죠. 그러나 학부모로서의 목표는 그와는 다릅니다. '배움'에 집중되어 있으니까요. 이 배움이라는 것이 긍정적이고 넓은 의미의 것이면 좋겠지만 안타깝게도 대한민국의 현실에서 강조하는 배움은 대부분 대입에만 초점이 맞추어져 있습니다.

우리에게는 2가지의 선택지가 있습니다. 하나는 진정한 배움을 추구하는 것이고, 나머지 하나는 성공적인 대입에 대한 전략을 세워나가는 것입니다. 개인적으로는 전자의 선택이 절대 나쁘다고 생각하지 않습니다. 시대가 변하고 있으니 앞으로 대학이 갖는 가치는 지금과는 많이 달라질 것이라 생각하기 때문입니다. 하지만 이건 이상적인 생각일 뿐, 현실적으로는 대부분 후자를 선택하실 겁니다. 괜찮습니다. 제가 더욱 잘 도와드릴 수 있는 선택을 하신 것이기 때문입니다. 대한민국에서 대입을 치르기로 마음먹었고, 기왕이면 아이를 좋은 대학에 잘 보내는 것이 목적이라면 결국 대한민국 학부모의 목표는 딱 한 가지, '성공적인 대입'입니다.

셋째, '역할'이 다릅니다. 부모는 양육의 개념이 좀 더 강하고, 학부모는 학습 코치의 느낌이 더 강합니다. 그리고 이 역할에 따라 아이에 대한 판단도, 가치도, 기준도 달라집니다. 학부모 설명회에서 제가 종종 하는 말이 있습니다. "우리 아이, 공부만 딱 빼고 보면 참 예쁘죠." 이 말에 학부모들의 긴장은 눈 녹듯 사라지고 웃음이 터져 나옵니다. 공감하기 때문일 겁니다. 부모의 눈에는 착하고, 따뜻하고, 배려심 깊은 아이가 참 예쁩니다. 그러나 학부모의 눈으로 보면 성격 더럽고, 까칠하고, 이기적이지만 공부 잘하는 옆집 아이가 더 빛나 보입니다.

부모와 학부모의 눈은 이렇게 큰 온도차가 있습니다. 부모의 역할이 아이의 정서적·육체적 건강을 기르는 데 집중하는 것이라면, 학부모로서의 역할은 학업 효율과 그 결과에 몰두하는 것입니다. 부모로서의 역할을 수행하는 것만으로 벅찬데 학부모로서의 역할까지 더해지니 말 그대로 엎친 데 덮친 격이 됩니다.

✔ **부모와 학부모 역할은 모두 중요합니다. 어느 하나를 선택하고 나머지를 버리는 게임이 아닙니다.**
✔ **부모의 사랑으로 아이 마음을 지지하고, 학부모의 관점으로 아이 학업을 뒷받침해 주세요.**

부모에서 학부모로 나아가는 일

부모와 학부모, 이렇게 다른 입장을 가지고 있다 보니 두 역할을 동시에 잘 수행하기란 상당히 어렵습니다. 밤을 새워 늦게까지 공부하는 아이를 보는 부모의 마음은 "건강 상한다. 일찍 자라"지만, 학부모의 마음은 "안타깝지만 잠을 더 줄여서라도 성적이 나와야 할 텐데"가 되는 것이니까요.

이쯤에서 대한민국의 각 가정이 화목하게 유지되는 것이 얼마나 힘든지 감이 오실 겁니다. 부모와 학부모의 경계를 오가니 그 와중에 아이와 부모 모두에게 혼란이 생기고, 그 혼란은 갈등으로 이어집니다. 수험생 아이와 학부모가 매일 아침저녁으로 전쟁을 치르고 있다는 건 다들 아실 겁니다. 아이와의 갈등이 더 깊어지기 전에 부모는 자신의 역할을 잘 수행할 방법을 찾아야 합니다. 아이와의 관계도 개선하고 좋은 성적을 유지하는 비법을 말씀드리는 것입니다.

제가 찾은 답은 한 가지. 바로 초점을 '우리 아이'에게 두는 것입니다. 심플하지만 이 말에는 많은 것이 담겨 있습니다. 어떤 의미인지 좀 더 구체적으로 말씀드리겠습니다.

하나, 결과가 아닌 '과정' 중시하기

부모님들이 꼭 한번 생각해 보셨으면 좋겠습니다. 우리 아이가 좋은 대학에 가고 성공하는 삶을 살기를 바라는 것, 이것이 '부모'를 위한 것인지 '아이'를 위한 것인지 말입니다. 초점이 부모에게 있다면 '결과'가 중요해지고, 초점이 아이에게 있다면 '과정'이 중요해집니다.

아이의 삶은 좋은 대학을 졸업하고 성공을 쟁취한 뒤에도 한없이 불행할 수 있습니다. 결과만 중요하게 여겨진 길을 걸어왔기에 그 과정에서 아이는 많이 괴로웠을 겁니다. 부모의 만족을 위해 도구로 사용된 아이는 진정한 행복을 잘 배우지 못했을 가능성이 높습니다. 때로는 아이에게 여러 가지를 강요하는 것이 부모의 행복이 아니라 아이의 궁극적인 행복을 위한 것이었다고 스스로를 정당화할 수도 있습니다. 바로 이런 사고에 빠지는 자체가 위험한 겁니다. 내가 좋다고 판단한 것이 아이에겐 괴로움이 될 수 있다는 것을 잊지 말아야 합니다. 서울대를 입학했지만 자살하는 사람들이 있고, 좋은 직업에 많은 재산을 모으고도 우울증에 빠지는 사람들이 있습니다. 모두의 가치가 같은 것이 아니며, 행복은 외적인 것만 충족되었다고 얻을 수 있는 것이 아니기에 더욱 그렇습니다.

진실로 아이의 행복을 위한다면 결과보다는 과정에 초점을 맞추어야 합니다. 목표를 이루겠다며 많은 시간 스스로 고민하고 노력했을 아이를 따뜻하게 감싸주셔야 합니다. 때로는 힘들고 때로는 실패도 겪겠지만, 한 단계씩 성장하는 기쁨도 동시에 맛볼 것이기에 아이는 더욱 많은 것을 얻고 내적으로도 단단해질 것입니다.

둘, 욕심 버리기

부모의 만족이 아니라 아이의 궁극적인 행복을 바라면 욕심이 사라집니다. 아직 오지 않은 미래에 가치를 두며 무리하거나 조바심내지 않게 됩니다. 아이가 현재에 더 큰 가치를 두고 한 걸음씩 충실하게 잘 나아가는지에 중심을 두고 확인하게 됩니다. 여러 번 강조했듯 지금 당장 더 많은 선행학습을 하는 것보다 중요한 건 현재 하고 있는 공부를 잘 이해하고 소화 가능한 만큼만 해나가는 것입니다.

미래의 행복도 중요하지만 현재의 행복도 중요합니다. 어린 시절의 행복은 평생 써도 없어지지 않을 에너지를 채워줍니다. 아이는 이해하지도 못하는 미래의 행복을 위한다는 핑계로 부모가 현재의 아이를 고통과 불행 속에 밀어 넣고 있는 것은 아닌지 항상 잘 파악해 보시길 바랍니다.

셋, 내 아이 파악하기

욕심을 버리면 비로소 내 아이가 보입니다. 다른 아이와 어떻게 다른지, 어떤 것을 잘하고 어떤 것을 어려워하는지가 보이기 시작합니다. 욕심이 차 있을 때는 점수만 보이지만 욕심을 내려놓으면 '이유'가 보입니다. 우리 아이가 특정 과목을 어려워하는 이유, 이 책을 읽기 힘들어하는 이유, 이 문제를 못 푸는 이유, 어떤 선생님과 관계가 힘들었던 이유들을 알게 됩니다.

넷, 내 아이만의 솔루션 찾기

내 아이에게 집중해 당면한 문제를 정확하게 파악하게 되면 그에 맞는 솔루션을 발견할 수 있습니다. 아이에게 맞는 진도와 교재, 선생님을 찾을 수 있게 되죠. 그리고 이렇게 찾은 방식으로 아이에게 맞는 공부 방법을 깨닫게 됩니다. 무엇을 더 해야 하는지 그리고 무엇을 버려야 하는지, 가장 좋은 선택은 무엇인지, 가장 최악의 경우는 어떤 것까지 염두에 두어야 하는지를 파악할 수 있습니다.

모르면 두렵지만 알면 두렵지 않습니다. 알면 방법을 찾을 수 있고, 방법만 정확하다면 설령 한두 번은 실패하더라도 결국엔 해낼 수 있으니 초조한 마음도 이내 사라질 겁니다.

다섯, 기다리기

하루 만에 해결될 일일 수도 있지만 사람에 따라 1년이 걸릴 수도 있고 10년이 걸릴 수도 있습니다. '우리 아이'에게 초점을 맞추는 일은 끝없는 기다림의 연속입니다. 부모가 해결하면 금방 끝날 일도 아이가 스스로 해결하도록 두려면 상당히 오래 기다려줘야 합니다. 이 기다림의 종착지는 모든 것의 주체가 '아이'가 되는 것입니다. 부모의 일방적인 결정으로 아이가 끌려가는 것이 아니라 모든 일에 있어 아이가 주체적으로 결정하고 실행하게 되는 것이죠. 물론, 부모의 정보력이 뛰어나고 부모가 이끄는 대로 잘 따르는 아이라면 대입에서 많이 유리할 겁니다. 하지만 이 방식이 통하는 때는 딱 대입까지입니다. 대입 이후에도 부모의 설계를 따를 수는 없으니까요. 만약 그렇게 된다면 그것은 아이와 부모 모두에게 비극이 되겠죠.

아이를 파악하고 정확한 방향을 찾았다면 그 뒤로 부모가 해야 할 일은 기다려주는 것입니다. 아이가 느리더라도 업고 대신 뛰려고 해서는 안 됩니다. 느리지만 스스로 한 걸음씩 떼는 이 순간들이 쌓이면 훗날 아이는 훨훨 날 수 있는 날개를 얻게 될 것입니다.

이렇듯 부모도 쉽지 않은데 학부모는 더 어렵습니다. 대한민국의 학부모는 부모 이상의 능력을 갖추어야 하기 때문입니다. 하지만 학부모 역시 아이를 위해 존재하며 아이가 잘되기를 바란다는 점에서는 부모와 다를 바가 없습니다. 그 마음을 잊지만 않는다면 괜찮습니다. 아이가 진심으로 행복하고 잘되기를 바로 바라는 그 마음 말입니다.

결론적으로 부모에서 학부모로 인식이 전환되어야 한다는 것이 부모의 역할을 버리라는 뜻은 아닙니다. 부모의 역할에 더해 학부모로서의 역할까지 해내야 한다는 것을 의미하죠. 그리고 이것은 12년 동안 아이와 함께 부모도 성장해야 한다는 것을 뜻합니다. 부모는 끝없이 공부해야 합니다. 아이를 더 잘 파악하기 위해, 더 좋은 길을 제시해 주기 위해 더 많이 공부하고 노력해야 합니다. 아이에게 언제나 배움의 중요성을 강조하면서 정작 부모가 배움에 게으르다면 이 말은 설득력을 얻기 어렵습니다.

부모에서 학부모로 인식을 전환하고 좋은 학부모가 되기 위해서는 부모 역시 끝없이 배워야 하고 성장해야 한다는 것을 이해하는 데서 시작해야 합니다.

✔ 부모에서 학부모로 인식을 전환하고 목표 달성을 위한 전략을 강구하세요.

✔ 끝없이 배움을 추구하셔야 합니다. 아이의 성장만을 위해 힘쓰지 마시고 그 시간의 일부를 자신의 성장에 보태세요. 성장하는 부모 밑에 성장하는 아이가 있습니다.

✔ 아이와 좋은 관계를 지키며 성공적인 대입도 이룰 수 있는 방법은 초점을 우리 아이에게 두는 것입니다. 아이만 바라보며 옭아매라는 것이 아닙니다. 무언가 결정을 내리기 전에 반드시 아이의 입장과 수준, 속도, 마음을 들여다보라는 말입니다.

이 책의 구성과 활용 방법

이 책은 크게 3부로 구성되어 있습니다. 1부 〈버스를 기다리며〉, 2부 〈버스를 타고〉, 3부 〈목적지를 향해〉로 나누었습니다. 1부는 제가 전하는 이야기가 어디에 초점을 두고 있는지, 그리고 앞으로 전개해 나갈 이야기를 잘 이해하기 위해 꼭 알아야 하는 부분이 무엇인지를 담았습니다.

이 책의 대상은 우리 아이를 '대한민국에서 대학을 보내고자 하는 학부모들'로 한정되어 있습니다. 해외 유학이나 영재교육 혹은 대입에 크게 관심을 두지 않는 부모님들은 이 책이 크게 도움이 되지 않을 겁니다. 반면 아이의 대입에 관심이 많지만 정보가 적은 지역에 살고 계시는 분들이나 맞벌이거나 연세가 많거나 하는 등의 이유로 다른 학부모와의 교류가 많지 않은 분들에게는 많은 도움이 될 수 있게 힘써보려 했습니다.

1부 〈버스를 기다리며〉에서는 본격적으로 이야기를 시작하기 전, 대부분의 부모님들이 지금까지 잘못 알고 있었거나 양육과 생활에 치여 미처 챙기지 못할 것 같은 이야기들을 수면 위로 끄집어 올리는 데 중점을 뒀습니다. 식상해 보일지 몰라도 자녀교육의 본질에 대해 다시금 짚어볼 수 있는 계기가 되길 바라면서 제가 드리고 싶은 이야기를 나열했습니다. 제 이야기를 통해 교육을 향한 스스로의 생각을 점검해 보고 자신의 견해와 자녀교육의 비전을 세우는 계기가 되면 좋겠습니다.

2부 〈버스를 타고〉에서는 대한민국 학부모로서 성공적인 입시를 치르기 위해 어떤 마음가짐을 가지고 있어야 하는지 3단계로 설명합니다. 입시는 전쟁과도 같기에 이에 임하는 마음을 굳건히 해야 합니다. 공부 방법을 아는 건 쉽습니다. 하지만 알려드린 방법을 입시 마지막 날까지 잘 실행하려면 끌고 가려는 의지와 강한 마음가짐이 필요합니다. 이어지는 3부의 내용을 잘 실천하고 활용해 원하는 결과를 얻으려면 먼저 2부의 내용을 잘 이해하시기 바랍니다. 실천 의지가 떨어질 때마다 반복해 읽으면 생각이 변하는 경험을 하게 될 것입니다.

3부 〈목적지를 향해〉에서는 대입을 위해 꼭 공부해야 하는 과목을 짚어보고, 각 과목별 효율적인 공부법을 소개합니다. 사교육 없이도 무리한 선행학습을 하거나 과한 학습량을 채우지 않아도 성공적인 대입이 가능합니다. 그 방법을 차근히 짚어나가겠습니다.

책에는 두 분당강쌤의 노하우가 모두 담겨 있습니다. 지난 20년 간 약 1만 명이 넘는 학생들을 분석한 입시 데이터를 바탕으로 대입에서 10년, 20년이 흘러도 변하지 않을 내용들을 선별해 담았습니다. 대입의 본질에 대해 정확히 알면 남들보다 앞서 나갈 수 있습니다. 전체적으로 책을 일독한 뒤, 공부를 시작하기 전 3부만 다시 읽으시길 바랍니다. 그러면 과목에 대한 이해도를 높이고 시행착오를 줄이는 데 도움이 될 것입니다.

이 책을 쓰면서 가장 염두에 둔 것은 2가지입니다. 첫째는 읽는 사람에게 실질적인 도움이 되는 책을 만들자는 것이었습니다. 그러다 보면 어려운 설명도 있고 지루한 부분도 나오겠지만 100명이 즐겁게 읽고 남는 것이 없는 책보다는 1명이 읽더라도 제대로 도움을 받을 수 있는 책을 쓰고 싶었습니다.

둘째는 오랫동안 두고두고 읽을 수 있는 책을 만드는 것이었습니다. 입시는 빠르게 변하는 듯 보여도 이름과 형태만 바뀔 뿐 본질은 달라지지 않습니다. 수십 년이 흘러도 변하기 어려운 것이 입시입니다. 이 책을 통해 입시의 본질을 익히시길 바랍니다. 학부모로 보내는 12년간 힘들고 지치는 고비마다 함께하는 책이 되면 좋겠습니다.

2부

버스를
타고

부모에서 초등 학부모로,
마인드셋 3단계

초등 자녀를 위한
학부모의 마음가짐

아이가 초등학교 입학을 앞둔 때, 그 누구보다도 바쁜 사람은 부모입니다. 아이 준비물부터 방과 후 학습까지 챙겨야 할 것이 한두 가지가 아니니까요. 몸이 바쁜 건 차라리 좀 낫습니다. '뒤 처지지는 않을까?' '친구들과 잘 지낼 수 있을까?' 아직 어리고 많이 부족해 보이는 아이를 보면 온갖 걱정이 밀려와 마음도 분주해집니다. 한편으로는 학교에 입학할 만큼 잘 자란 아이가 대견해 눈시울이 뜨거워지기도 하고요.

초등학교 입학 후 이제부터는 본격적인 학업의 여정이 시작됩니다. 장장 12년간 펼쳐질 입시 전선에 뛰어든 첫발입니다. 지금 껏 부모로 살아왔다면 앞으로는 학부모의 역할도 겸하셔야 합니다. 자신의 역할을 혼동하는 순간 아이 공부가 흔들립니다. 2부에서는 부모의 마인드를 학부모의 마인드로 바꾸는 방법에 관해 총 3단계로 나눠 설명하려고 합니다. 그리고 명확한 역할 인지를 위해 지금부터는 부모라는 말 대신 학부모로 지칭하겠습니다.

공부를 시작하기 전, 학부모가 지녀야 할 마음은 무엇일까요? 같은 일을 하더라도 어떤 마음가짐으로 시작했는지에 따라 결과가 달라집니다. 마음가짐의 힘은 저 역시 경험한 바 있습니다. 과거, 경험이 부족하고 마음이 단단하지 않았을 시절에 저는 작은 사건에도 쉽게 지치고 많이 힘들어했습니다. 그러나 마음이 변하고 가치가 달라지니 큰 사건이 닥쳤을 때 두려움보다는 이 일을 어떻게 헤쳐 나가야 더 효율적일까에 대해 고민하게 되었고, 이런 고민 자체가 제게 큰 즐거움이 되었습니다.

성공적으로 대입까지 가는 것이 쉬운 일은 아니지만 방향과 방법이 명확하면 훌륭한 결과를 얻을 수 있습니다. 물론 중간 중간 시행착오도 겪고 장애물도 만나겠죠. 아무것도 모르는 채 일이 벌어지는 건 두렵지만, 이 또한 누구나 겪는 당연한 일이라고 생각한다면 좀 더 편안한 마음으로 학부모의 역할을 수행하실 수 있을 겁니다.

1단계
생각의 감옥에서 탈출하라

한 사회나 집단에는 구성원들에 의해 뿌리내려 온 근본 생각들이 있습니다. 고정관념 같은 것들이죠. 그것이 옳은지 아니면 옳지 않은지는 중요하지 않습니다. 집단의 모두가 그렇게 생각하고 믿는 것이니까요. 이런 고정관념이 자리 잡힌 집단에서 생활하다 보면 원하지 않더라도 집단의 생각이 어느새 개인에게도 전이됩니다.

한 예로, 조선시대의 여성들은 조신해야만 했습니다. 남성도 아닌 여성이 주체적으로 행동하거나 활발히 사회활동을 하는 건 도리에 어긋나는 일이라 배웠고 모두가 그것이 당연하다 여겼습니다. 아무리 뛰어난 능력을 가졌더라도 여자라는 이유만으로 인정을 받지 못했습니다. 모두가 그게 정답이라 교육을 받고 자라왔으니까요. 지금은 많이 나아졌지만 여전히 세계 곳곳에는 이와 비슷한 고정관념이 많이 남아 있습니다.

대한민국의 교육도 크게 다르지는 않습니다. 저는 이런 현상을 '생각의 감옥에 갇혔다'라고 표현합니다. 다수의 생각을 따르는 것이 안정적이라는 인식 때문에 자신의 소신대로 아이들을 교육하는 것이 두렵게만 느껴집니다. 생각의 감옥에 갇히면 올바른 생각이 자리하기 어렵습니다. 대입만 해도 틀에 박힌 생각들이 오랜 시간 입에서 입으로 전해지고 있습니다. 예를 들면 다음과 같은 것들이 있습니다.

생각의 감옥 예시

1) 수학을 잘하려면 선행과 심화는 필수다.
2) 영어로 고생하지 않으려면 어릴 적 영어 유치원에 반드시 보내야 한다.
3) 다양한 책을 많이 읽어야 국어와 논술에 도움이 된다.
4) 수능 고득점을 위해 무조건 일타강사의 수업을 들어야한다.
5) 고1 성적이 곧 수능 성적이다.

대표적인 것들만 나열한 것입니다. 이 외에도 명문대에 가려면 고등학교 입학 전, 영어를 수능 수준으로 끝내놔야 한다, 다양한 스펙을 쌓아야 한다, 전 과목 오답노트를 반드시 만들어야 한다, 수능 고득점을 위해 고난이도 문제를 풀어봐야 한다 등 무수히 많은 고정관념이 떠돌고 있습니다. 학생, 학부모 할 것 없이 여기저기에서 많이 듣고 와 제게 확인합니다. "선생님 이거 다 진짜예요?" 하고 말이죠.

저는 이런 생각에 동의하지 않습니다. 학생이 처한 상황과 환경이 모두 다 다른데, 모두 같은 방법으로 학습하는 것은 맞지 않다고 생각하기 때문입니다. 예를 들어 똑같이 배탈이 났더라도 누군가는 장염 바이러스에 감염된 것이지만, 또 다른 누군가는 단순히 체한 것일 수도 있습니다. 배가 아픈 것은 같더라도 통증 원인에 따라 치료 방법도 달라져야 합니다. 남들이 좋다고 하는 학습 방법을 잘못 활용하면 엉뚱한 치료를 하게 될 수 있습니다. 지금까지 각종 매체와 언론, 학원, 학부모님들을 통해 세뇌되듯 들어왔던 정보의 실상은 진짜 유용한 정보가 아니라 부모와 아이를 가두는 '생각의 감옥'이었을 가능성이 상당히 높습니다. 그러나 안타깝게도 이미 딱딱하게 굳은 그 생각에 갇혀 벗어날 마음도 갖지 못하는 사람들이 많습니다.

성공적으로 대입을 대비하려면 갖춰야 할 초등 학부모 마인드셋 3단계 중 첫 번째는 바로 '생각의 감옥에서 탈출하라' 입니다.

놀랍게도, 고등학교 이상 자녀를 둔 학부모와 상담을 할 때마다 생각보다 많은 분들이 단순하고 근본적인 것을 놓치고 있다는 것을 깨닫습니다. 그러니 아직 시간이 많은 지금, 근본적인 것들을 차근차근 챙겨보는 것에 소홀하지 않으셨으면 합니다. 이해가 되셨다면 바로 다음 질문을 뜯어보시길 바랍니다.

"현재 당연하다고 생각하는 모든 것들이 과연 옳은 것인가?"

가장 먼저 당연하다고 생각하는 모든 사실들이 사회적 분위기에 휩쓸려 나도 모르는 사이에 세뇌된 것은 아닌지 점검해 보셔야 합니다. 획기적인 변화는 '현 상황에 대한 정확한 인지'에서부터 시작됩니다. 그리고 이를 위한 가장 쉬운 방법은 다음 질문의 답을 찾는 일입니다.

생각의 감옥에서 탈출하는 법

1) 내 아이는 현재 어떤 상황과 위치에 놓여 있는가?
2) 현재 자녀 교육의 목표는 무엇인가?
3) 그 목표와 목적에 맞게 아이를 대하고 있는가?
4) 입시에 대해 정확하게 알고 있는가?
5) 절대적으로 옳다고 믿었던 생각들이 과연 정확한 판단이었

는가?

이 다섯 가지 질문에 선뜻 답을 내지 못한다는 건 현실을 정확하게 파악하지 못하고 있다는 방증입니다. 괜찮습니다. 지금부터라도 위 질문에 대한 답을 찾는 노력을 기울이면 되니까요. 자녀 교육에 관한 현재의 마음가짐을 점검하는 것만으로도 대입을 대비하는 여정에 있어 다른 학부모와는 출발점에서 우위를 점한 것이라고 확신할 수 있습니다.

언론, 학원, 다른 학부모 등으로부터 들은 정보들은 전부 다 잊으시길 바랍니다. 그 정보가 학부모와 아이를 가두는 '생각의 감옥'을 만들었을 가능성이 높습니다. 많은 분들이 이 생각의 감옥에서 벗어나는 걸 정말 어려워하지만, 딱 한 발짝이라도 벗어나는 순간 변화가 찾아옵니다. 그렇다면 생각의 감옥에서 탈출하면 어떤 것이 달라질까요? 지금부터 보여드리겠습니다.

• • •
관점을 바꾸면 방향이 보인다

생각의 감옥에 갇힌 학부모와 아이들은 바른 판단을 하지 못합니다. 눈앞에 가치 있는 것을 두고도 선뜻 손을 내밀지 못하죠.

가치를 잘 모르기 때문입니다. 마치 돈의 가치를 몰라 돈 대신 과자 한 봉지를 선택하는 어린아이와도 같습니다. 하지만 생각의 감옥을 뚫고 나온 사람들은 다릅니다. 관점을 바꾸면 당연하다고 생각했던 것들이 다르게 보이고 들리기 시작하기 때문입니다. 생각의 감옥에서 빠져나오면 앞서 말씀드렸던 5가지 고정관념이 다음과 같이 변화합니다.

① 수학을 잘하려면 선행과 심화는 필수다.

관점을 바꾸면··· 수학을 잘하려면 내 아이에게 맞는 진도와 교재를 선택하는 것이 필수다.

② 영어로 고생하지 않으려면 어릴 적 영어 유치원에 보내야 한다.

관점을 바꾸면··· 언어 때문에 한계를 느끼던 시절은 끝났다. 영어 유치원은 선택이지 필수는 아니다.

③ 다양한 책을 많이 읽어야 국어와 논술에 도움이 된다.

관점을 바꾸면··· 100권의 권장 도서를 강제로 읽히는 것보다 읽고 싶은 몇 권의 책으로 즐거운 독서를 하게 유도하는 것이 훨씬 유익하다.

④ 수능 고득점을 위해서는 무조건 일타강사의 수업을 들어야 한다.

관점을 바꾸면… 수능 점수는 강의가 아닌 '자기 공부'에서 완성된다. 유명 학원이나 유명 강사의 강의를 섭렵하기보다 아이에게 필요한 부분을 알고 선택적으로 활용할 수 있어야 입시에서 성공한다.

⑤ 고1 성적이 곧 수능 성적이다.

관점을 바꾸면… 고1, 고2, 고3, 수능날까지도 성적은 계속 바뀐다.

고정관념대로 아이를 키우는 경우와 변화된 인식으로 키우는 경우의 차이가 이렇게나 큽니다. 생각 하나하나에서 격차가 벌어지고, 이 격차는 결국 고등학생이 되면 따라잡기 어려운 수준까지 벌어지게 될 수 있습니다. 하루라도 빨리 고정관념에서 벗어나 올바른 사고를 할 수 있도록 노력해야 하는 이유가 여기에 있습니다.

● ● ●
관점을 바꾸는 방법

내 인식에 바른 생각을 입력하는 법, 즉 과거의 내가 듣고 알던 고정관념으로부터 벗어나 관점을 바꾸는 법은 어렵지 않습니다. 책의 시작과 끝을 관통할 거라 했던 바로 그 단어, 지피지기 (知彼知己) 기억하시죠?

'입시를 알고 내 아이를 아는 것'

여기서부터 모든 것이 시작됩니다. 좀 더 정확하게는 '입시를 제대로 파악하고 내 아이의 현 수준을 판단하는 것'이라고 할 수 있습니다. 여기에 답을 내기 위해 만든 것이 앞서 소개한 〈생각의 감옥 탈출하기〉를 위한 5가지 질문입니다.

1) 내 아이는 현재 어떤 상황과 위치에 놓여 있는가?
2) 현재 자녀 '교육'의 목표는 무엇인가?
3) 그 목표와 목적에 맞게 아이를 대하고 있는가?
4) 입시에 대해 정확하게 알고 있는가?
5) 절대적으로 옳다고 믿었던 생각들이 과연 정확한 판단이었

이 다섯 질문들은 각자 처한 상황에 맞게 바꿀 수 있습니다. 단, 무엇이 되었든 간에 그 중심은 '입시'와 '내 아이' 두 대상이어야 합니다. 이 책을 모두 읽고 나면 이 5가지 질문에 대한 답을 찾을 수 있을 겁니다. 정해진 답은 없습니다. 먼저 제가 작성한 답안은 이렇습니다. 예시로만 참고하시고 여러분 각자의 답을 찾아내시길 바랍니다. 만약 '난 당신이 내린 답을 따라갈 수밖에 없을 것 같아요'라고 생각한다면 읽지 말고 건너뛰세요. 또 다른 생각의 감옥에 갇히게 될 수 있으니까요.

생각의 감옥 탈출을 위한 강쌤의 방법

1) 내 아이는 현재 어떤 상황과 위치에 놓여 있는가?

먼저 '제 학년 주요 과목 교과서에 대한 이해도'를 판단해 봐야겠어. 교과서의 활동문제와 너무 어렵지 않은 자습서나 참고서의 문제를 풀게 해보자. 더 정확하게 평가하려면 교과서를 토대로 질문지를 만들어 테스트해 봐야겠어. 여기에서 나온 결과가 아이 공부에서 기준이 되어야 해. 실력이 부족하다면… '왜 이해가 잘 안 되는 걸까? 전 학년의 개념을 잘 이해하지 못하고 그냥 넘어온 건 아니었을까? 집에서 보완해 줄 정도의 수준일까? 학원 교육이 필요할까? 아이의 생각은 어떨까?' 학습에 구멍이 생긴 때가 언제였을지 시간을 되짚어 보고 아이와 충분한 대화를 나누자! 실력이 충분하다면… 다행히 현행은 문제가 없구나. 현행을 좀 더 보완할지 아니면 다음 단계가 어렵지 않도록 선행을 시킬지 고민해 보자. 최소 테스트를 70% 이상 통과했을 때 다음 과정으로 넘어가는 것을 목표로 하자.

2) 현재 자녀 '교육'의 목표는 무엇인가?

지금 공부를 잘해 당장 높은 성적을 받아오면 잠깐은 행복할 수 있겠지만 이 행복이 길게 이어진다는 보장은 없어. 그렇다면 난 어떤 교육에 가치를 두어야 할까? 2가지 가치가 좋겠다. 하나는 아이가 건강한 가치관을 갖는 것, 다른 하나는 대한민국 내에서의 대입에 성공하는 것으로 삼자. 유학은 아이가 아직 판단하기에 이르니 아이가 진짜 필요로 할 때 고려하자. 대입에 성공하는 게 학생의 본분에서 이룰 수 있는 최대의 성취라지만 그것만으로는 부족해. 아이 마음에 건강한 가치관이 자리 잡을 수 있도록 도와주자. 올바른 가치관을 가진 사람은 어떤 상황에서도 무너지지 않고 단단해질 수 있어. 내가 가진 가치관을 그대로 주입하기보다는 아이 스스로 선택하게 하고 그 과정을 지켜보며 시의적절한 질문을 던져주도록 하자.

3) 그 목표와 목적에 맞게 아이를 대하고 있는가?

내가 세운 두 가지 목표에 맞게 아이를 대하고 인도하려면 중요한 게 뭘까? 세 가지 질문으로 정리해 보자. 아이를 존중하고 있는가? 존중받는 아이가 타인도 존중할 수 있어. 상대가 누구든 관계에 있어 밑바탕에 존중이 깔릴 수 있도록 아이를 맘껏 존중해 주어야겠다. 건강한 생활습관을 갖도록 인도하는가? 아침에 일어나 자리를 정돈하고 자기가 먹은 그릇은 싱크대에 올려두기, 사용한 물건은 제자리에 가져다 놓고, 저녁 10시에 잠자리에 들기 등 매일 작은 미션으로 건강한 습관이 몸에 배도록 도와주자. 제 학년 진도에 맞춰 스스로 학습할 수 있도록 도와주는가? 아이 스스로 공부를 계획하고 실행할 수 있도록 적당히 방관하고 또 적당히 개입하자. 긴 호흡으로 이어가야 할 대입의 여정에 쉽게 지치지 않도록 너무 이른 선행과 너무 과한 후행은 자제하자. 모든 건 아이의 수준과 마음이 기준이어야 해.

4) 입시에 대해 정확하게 알고 있는가?

입시까지 아직 많이 남아 있고 그 사이에 정책은 수없이 바뀌게 될 거야. 그 와중에도 변하지 않는 것은 뭘까? 난 그 변하지 않는 가치, 흔들리지 않는 입시의 본질에 기준해 입시를 준비해야겠어. 입시의 본질① … 대학은 학문을 공부하는 곳이다. 따라서 학문을 잘할 수 있는 학생을 뽑는 것이 목표다. 이 말은 곧 대학이 원하는 인재는 공부를 잘하는, 앞으로도 쭉 잘할 수 있는 학생이다. 입시의 본질②… 대입에서 갖춰야 할 가장 좋은 스펙은 봉사나 다른 비교과활동 등이 아닌 주요 과목 '국영수과사'의 높은 성적이다. 입시의 본질③… 주요 과목의 학업 성취도가 높은 학생은 어떤 전형(내신, 수능, 논술, 구술 등)이 주어져도 반드시 명문대에 합격할 수 있다.

5) 절대적으로 옳다고 믿었던 생각들이 과연 정확한 판단이었는가?

현재를 점검하는 것은 언제나 필요한 일이야. 지금 아이를 교육하는 데 옳다고 생각했던 것들이 내일은 틀린 것이 될 수도 있어. 절대적으로 옳고 그른 것은 존재하지 않으니까. 혹시나 내가 아이를 위한다는 명목으로 잘못 기대하거나 잘못 선택한 것은 없는지 수시로 점검해야 해. 지금까지 확신하고 믿고 있던 공부법 역시 더 좋은 방법은 없는지 계속해서 돌아봐야 겠어.

2단계
바른 길을 찾아라

생각의 감옥에서 벗어났다면 다음 할 일은 올바른 방향을 찾는 것입니다. 그래야 앞으로 하게 될 노력들이 의미 있는 가치로 쌓일 수 있기 때문이죠. 내 아이에게 맞지 않는 잘못된 교육 정보들로부터 벗어나 제대로 된 인식과 생각을 쌓고 점검해 나가기를 시작하셨다면 이제 다음 단계로 넘어갈 준비를 마친 상태입니다. 마인드셋 2단계는 바로 '바른 길을 찾아라' 입니다. 대입까지 가는 데 얼마나 많은 주변인들의 관심 어린 참견이 길을 가로막는지 아십니까? 모두가 '너를 위해'라고 입을 열지만 진짜 '나를 위하는' 사람들은 입을 닫습니다. 그것이 진짜 여러분을 위하는 일이란 걸 알기 때문이죠. 무작위로 펼쳐지는 무수한 정보 중에서

옥석을 가리고 내 아이에게 올바른 교육 방식을 적용하려면 주변의 유혹으로 인해 방향이 틀어지는 일이 없어야 합니다.

제가 20년 넘는 세월을 교육현장에서 보내며 가장 괴로운 순간이 학부모의 약한 의지 때문에 방향이 틀어지고 무너지는 아이들을 마주하는 때입니다. 외부의 충동에도 변하거나 흔들리지 않는 마음을 가리켜 '부동심(不動心)'이라고 합니다. 입시에서 부동심을 지킨다는 것은 여간 깊은 심지가 아니고서는 어려운 일임을 매년 실감하고 있습니다.

모두가 아니라고 외치며 잘못된 정보를 남발하고 있을 때 옳은 생각을 하고 또 이어간다는 것은 결코 쉽지 않습니다. 고정관념을 부수고 바른 생각을 갖고 잘해 나가다가 마지막에 이 생각을 지키지 못하고 어긋난 길을 선택해 무너지는 학생들이 너무나 많습니다.

• • •

이야기①
마지막 1년을 남기고
길을 잃은 성민이

언제나 웃는 얼굴로 인사하던 성민이는 성실하고 뚝심 있는 학생이었습니다. 스스로 찾아낸 자신만의 공부 방법으로 고2까지 잘해 나가고 있었습니다. 학원을 많이 다니지 않았지만 나름 대로 학습에 구멍이 나지 않게 현행을 잘 다져나갔고 자신의 수준에 맞는 교재를 선택해 실력을 쌓았습니다. 덕분에 수시가 불리한 학교였지만 나름대로 괜찮은 성적을 유지하며(1점대 중반) 정시 성적(모의고사)은 고2까지 모든 과목에서 1등급을 받았습니다. 별다른 개입 없이도 월등했기에 부모님도 성민이를 믿고 지지해 주었습니다. 이 건강한 행보에 빨간불이 켜진 건 고2 겨울 방학을 앞둔 어느 날이었습니다. 대치동에 사는 고종사촌 형이 서울대에 입학했다는 소식에 고모에게 축하 인사를 전하려던 찰나 부모님은 청천벽력 같은 이야기를 듣게 됩니다.

"성민 엄마, 지금처럼 해서는 성민이 서울대 근처도 못 가. 요즘이 어느 땐데 아직도 자기주도 학습이야? 대학? 부모가 나서야 해. 정신 차리고 당장 대치동 학원부터 알아봐."

이때부터 성민이 부모님은 깊은 고민에 빠집니다. 이대로만 하면 서울대는 문제없을 거라 믿었는데 그렇지 않을 수도 있다니, 충격이 아닐 수 없습니다. 덧붙여 고모는 중요한 과목들은 거리가 있더라도 대치동에 가 일타강사들의 강의를 들어야 한다는 거듭되는 조언과 함께 반드시 풀어야 하는 사설 모의고사 목록을 건네주었습니다. 조바심이 난 부모님은 즉시 대치동 학원 검색을 시작했습니다.

성민이는 자신의 방식을 고수하고 싶었지만 부모님의 의지를 꺾기에는 아직 어렸습니다. 매주 분당에서 대치동까지 가 과목별로 일타강사들의 강의를 듣고, 사설 모의고사를 풀어야 했습니다. 이 방법은 자신과 맞지 않다는 생각이 여러 번 들었지만 이것이 합격비법이라는 말에 방식을 바꿀 수도 없었습니다. 막판 3학년 1학기까지 시간을 쪼개어 내신 준비도 밤새워 했지만 성적이 많이 떨어졌고, 결국 수능도 당일 최악의 점수를 기록하며 재수생이 되었습니다.

그렇게 한 번의 실패 이후 다시 자신의 방식대로 공부한 성민이는 1년 뒤 정시로 서울대에 합격했습니다. 2022년 수능이 끝나고 성민이에게 반가운 문자 한 통이 도착했습니다 .

"선생님, 저 성민입니다. 이번에 혼자 공부해서 서울대 합격했습니다. 선생님 말씀대로 국어는 EBS 방송과 문제집 위주로 열심히 봤어요."

이렇듯 혼자 공부해 서울대에 합격할 만큼 능력이 출중했던 성민이는 왜 1년 전 일타강사들의 강의를 전부 체크하고, 수능에 유리하다는 사설 모의고사까지 섭렵했음에도 최악의 수능 점수를 받은 걸까요? 일타강사들의 강의와 사설 모의고사 문제집이 문제였던 걸까요? 결론부터 말씀드리면, 그렇지 않습니다. 단지 이 모든 학습 방식이 성민이와 맞지 않았던 것입니다. 이 방식에 있어 성민이가 빠지고 소위 '카더라'만 남은 것이죠.

같은 방식으로 공부해 서울대에 합격했다는 고종사촌 형은 성민이와 모든 면에서 달랐습니다. 그는 초등학생 때부터 영재고를 준비하다 아깝게 떨어졌던 터라 수학과 과학은 일찍이 완성되어 있었습니다. 또 3학년 1학기까지 수시를 버리지 못했던 성민이와는 달리 1학년 때 이미 정시로 마음을 굳힌 것도 결과에 영향을 주었습니다. 학원도 집에서 멀지 않아 오가는 시간이 적었기 때문에 하루를 효율적으로 관리할 수 있었습니다. 나중에 알고 보니 일타강사들의 강의도 무조건 다 들은 것이 아니라 필요한 부분만 선택적으로 들은 게 전부라고 했고요.

반면 성민이는 3학년 1학기까지 내신을 열심히 준비하는 바람에 정시 공부에 집중할 시간이 많이 부족했습니다. 이 부족한 시간에 들어야 하는 강의와 풀어야 할 문제까지 늘어나니 자기공부 시간을 확보할 수 없었죠. 결국 소화도 안 되는 강의와 문제를 잔뜩 쌓아놓기만 하고 정리도 못한 상태로 수능을 보게 된 것입니다.

　이러한 상황이 잘못되었다는 것을 뼈저리게 느낀 성민이는 재수하는 동안 자신의 페이스를 지켜나갔습니다. 학원 대신 독서실을 등록해 스스로 공부하고 정리하는 시간을 충분히 확보했죠. 필요한 과목은 인터넷 강의나 특강을 찾아 들으며 실력을 다졌습니다. 주도적인 계획 아래 필요하다 판단되는 것을 추려 선택적으로 활용한 것이죠. 이렇게 방식을 바꾸고 난 뒤 성민이는 당연하게도 서울대에 합격했습니다.

　실제로 성민이뿐 아니라 많은 학생들이 잘 가다가 길을 잃습니다. 학생마다 그 시기는 다 다릅니다. 내가 믿는 길로 잘 나아가고 있었는데 모두가 그 길이 아니라 하니 염려되기 시작하는 거죠. 옳은 길을 알려준다며 믿을 만한 지인들이 앞다퉈 쏟아내는 정보를 듣고 나면 불안함이 커집니다. 충분히 잘하고 있음에도 자신의 실력을 의심하고 공부 방식에 의문을 품기 시작합니다. 고3 막바지에 유명 일타강사의 강의에 목을 매는 학생들을 보면 얼마나 안타까운지 모릅니다. 고3은 수업에 의존할 때가 아니라 자신의 공부를 완성할 때입니다. 좋은 강의는 고2까지 열심히 듣는 것이 가장 바람직합니다. 필요한 부분을 선택적으로 들을 수는 있지만 과목별로 강사들의 커리큘럼을 모두 따라가다 보면 자신의 공부를 완성할 수 있는 시간이 많이 줄어듭니다.

대입 시장에 20년 가까이 몸담으며 지켜보다 보면 재미있는 현상이 보입니다. 유명한 강의, 강사, 교재가 굉장히 빠르게 변한다는 사실입니다. 유행을 타는 것이죠. 수능은 크게 바뀐 것이 없는데 인기 있는 수업은 매번 바뀝니다. 최고의 강의라고 평가받던 것이 2~3년 만에 전혀 다른 평가를 받기도 합니다. 당대 최고의 강사도 계속 바뀌죠. 유행을 따라 올해 어느 강사가 좋더라 하는 소문을 들으면 우르르 달려가는 학생들을 정말 많이 봤습니다.

더 안타까운 것은 그렇게 선택한 강의조차 끝을 내지 못하고 계속 옮겨 다니는 것입니다. 자신의 수준을 고려하지 않고 선택한 강의니 대부분 수업이 잘 이해되지 않습니다. 그러는 동안 성적이 떨어지니 이제는 다른 강사를 찾아 여기저기 기웃거립니다. 모두 그런 것은 아니지만, 일타강사들이 제공하는 자료는 양도 많고 난이도도 높아 일부 학생들이 소화하기에 벅찬 경우가 있죠.

한 과목만 시험보고 끝나는 것도 아닌데 모든 과목을 이렇게 학습하면 개인의 공부 시간은 부족해집니다. 그렇게 모르는 부분은 해결이 되지 않은 채 시간만 흐르게 됩니다. 중간에 강사가 바뀌면 상황은 더 악화됩니다. 현재의 수능은 좋은 강의에 의존하지 않아도 방법만 정확하면 충분히 1등급이 나올 수 있는 시험입니다. 그러니 유명 강의나 좋은 인터넷 강의라도 모두 자신의 상황에 맞게 선택해서 들을 수 있어야 합니다.

입시의 본질을 정확하게 알고 자신의 현재 상황을 제대로 파악했다면 이제부터는 자신의 방식을 잘 지켜나가는 것이 가장 중요합니다. 이 과정에서 많은 유혹이 있겠지만 주변 분위기에 휩쓸리지 말고 내적 완성도를 높여나가는 것을 기준으로 삼으세요. 이것이 의지를 잘 지켜나가며 길을 잃지 않을 수 있는 유일한 방법이기 때문입니다.

쉬운 예시를 들어볼까요? 가령 국어에서 안정적인 1등급이 나오지 않는다면 그 원인이 무엇인지를 자신에게서 찾아보는 것입니다. 같은 85점이라도 문제의 원인은 다 다를 수 있습니다. 모든 영역에서 골고루 틀려 85점이 된 학생도 있고, 늘 시간이 부족해 85점을 받는 학생도 있을 것이며, 한 영역만 모두 틀려 85점이 된 학생도 있을 수 있습니다. 85점에 2등급, 결과는 같아도 해결해야 하는 문제는 각기 다를 수 있다는 얘깁니다. 이에 대한 고려 없이 '유명 강의'를 듣거나 '유명 교재'를 풀면 해결된다고 생각하는 것은 무척 비효율적인 방법이 될 수 있습니다. 의지를 다지기 위해서는 자신의 현재 상황에 대해 정확한 판단하고 분석해야 합니다. 이렇게 자신의 문제를 객관적으로 분석해 보면서 정확한 원인을 찾게 되면 하나씩 해결할 수 있는 힘도 생깁니다. 문제를 하나씩 해결해 나가면서 흔들리지 않는 의지를 다지면 길을 잃지 않고 제대로 된 방향으로 나갈 수 있게 됩니다.

다음 이야기는 불안한 상황 속에서도 길을 잃지 않고 나아간 학생의 사연입니다.

● ● ●

이야기②
나만의 공부법으로
불안을 이겨낸 재훈이

삼형제 중 맏이인 재훈이는 서울대, 둘째인 재원이는 한의대에 재학 중이며, 막내는 아직 고등학생입니다. 첫째 재훈이는 학원을 많이 다니지 않았습니다. 그럴 만한 형편이 되지도 않았거니와 스스로 학원을 거부했던 탓도 있었죠. 부모님도 특별히 공부를 강요하는 성향이 아니었습니다. 그래서 재훈이는 초등학교까지 학습지 수준의 사교육만 받았습니다. 평소에는 학교 숙제 외에 특별히 공부를 하지 않았고, 종종 도서관에 가서 좋아하는 책을 실컷 읽거나 친구들과 신나게 노는 것이 전부였습니다. 영어 교육도 사교육을 하는 대신에 디즈니 만화 영화를 보게 했는데, 좋아하는 영화는 대사를 달달 외울 정도로 많이 봤다고 합니다.

재훈이에게 첫 위기는 중학교 때 찾아왔습니다. 재훈이 어머니는 나름의 소신대로 아이들을 키웠으나 막상 중학생이 되니 불안해졌습니다. 중학교는 초등학교 교육과는 또 다른 차원이었거든요. 주변 친구들 모두 학원에 다니고 있었으며, 선배 학부모들은 입을 모아 '첫 시험을 보고 충격받기 전에 빨리 학원으로 가라'고 조언했습니다. 최근에는 '똑똑해서 더 잘될 수 있는 애를 방치하는 자격 없는 부모'라는 말까지 들은 터였습니다. 결국 거부하는 재훈이를 데리고 가서 반강제로 학원에 등록했죠. 역시나 적응은 힘들었습니다.

예민해진 재훈이의 변화에 사이좋던 삼형제의 관계가 깨질 위기에 처했습니다. 평온한 가정에 금이 가기 시작했습니다. 매일 학원에 보내려는 엄마, 진도도 빠르고 이해가 되지 않아 힘들다는 아이. 둘의 신경전은 팽팽했습니다. 어머니의 기대와는 달리 첫 중간고사에서 재훈이는 최악의 점수를 받고 말았습니다. 자책하며 혼란에 빠진 어머니에게 재훈이는 당당히 '학원 그만두겠다'고 말했죠. 이해를 못한 부분이 너무 많아 성적이 안 나오는 것이 당연하다면서요. 어머니는 중간고사 성적이 안 나온 이유가 지금까지 사교육을 너무 멀리한 탓이라고 생각하여 끝까지 만류했으나 결국 재훈이는 모든 학원을 중단하고 자신의 방식대로 공부했습니다. 하지만 기말고사도 중간고사와 별반 차이가 없었습니다. 불안해하는 어머니와 달리 재훈이는 여전히 자신을 잃지 않았습니다. 학원을 다니나 안 다니나 성적이 비슷하고, 오히려 성적이 오른 과목도 있으니 좀 더 지켜봐 달라고 말할 뿐이었습니다. 그리고 점수가 나오지 않은 이유를 스스로 알고 있으니 나머지는 알아서 하겠다고 선언했습니다.

어머니는 재훈이의 의견을 존중하기로 했으나 모든 것을 맡겨둘 수는 없기에 곧 다가올 방학 계획을 같이 세워보자고 제안했습니다. 재훈이는 이 제안을 받아들였습니다. 그리고 방학이 되어 어머니와 함께 짠 계획대로 성실히 실천해 나갔습니다. 지난 학기 중 어려운 과목을 복습하고, 다음 학기에 배울 주요 과목 교과서를 학습했습니다.

이후 재훈이는 자신만의 공부법을 터득했고 스스로 공부를 주도하는 법을 익혔습니다. 본격적인 승부는 이제부터였죠. 고등학교에 입학 한 이후 재훈이는 유난히 어려워했던 국어만 학원의 도움을 받았습니다. 덕분에 제가 재훈이를 만날 수 있게 되었죠. 수학학원은 2학년까지 다니고 이후로는 주 1회로 줄이면서 질문만 해결할 수 있는 곳으로 다녔다고 합니다. 나머지 필요한 과목은 인터넷 강의 또는 특강을 찾아 들었습니다. 그리고 재훈이는 서울대에 당당히 합격했습니다.

이 모든 과정을 경험하고 난 재훈이 어머니에게는 두 가지 교육 원칙이 생겼습니다.

하나, 스스로 하는 공부가 최고다.
둘, 사교육은 끌려 다니는 것이 아니라 활용하는 것이다.

이 원칙을 둘째와 셋째 아이 교육에도 적용할 수 있었죠. 중간중간 입시 제도가 바뀌었으나 어떤 조건에서도 어머니가 세운 교육 원칙들은 변함이 없었습니다.

이렇듯 재훈이네 가정처럼 올바른 생각을 하고 실행하고자 하는 강한 의지가 있는 집이라도 위기는 옵니다. 최상위권 학생들과 그 학부모님들 모두 시행착오를 겪고, 자신이 고수했던 방식을 끊임없이 고민하고 불안해합니다. 이 아이들 중 많은 아이들은 평균 이하의 성적을 받기도 하고, 때로는 생각이 다른 사람들에게 집단 공격을 당하면서 무너지기도 하죠. 중요한 것은 이들 모두 자신의 방식에 100% 확신이 있어 해나간 것은 아니라는 겁니다. 가끔은 확신 없이 마냥 버텼고, 때로는 아니라고 생각하며 도전해 본 일도 있었습니다. 결국 이런저런 과정을 통해 내 아이에게 맞는 방법을 찾아가는 것이죠. 그러니 학부모가 겪는 불안과 두려움은 당연한 겁니다.

다만 그 마음에 너무 오래 머무르지 말고, 다음 스텝을 밟을 수 있도록 마음을 전환하시길 추천합니다. 재훈 어머니가 세운 두 가지 원칙을 명심한다면 여러분도 빠르게 상황을 전환시킬 수 있습니다. 우리는 선배들의 경험이 있습니다. 그들의 경험을 통해 위안받고 나아갈 힘을 얻으시길 바랍니다. 물론 의지를 지켜나가며 올바른 길을 찾는 것은 쉽지 않지만, 그러하기에 더욱 가치 있는 것이 아닐까요? 이 소중한 가치를 잘 지켜나가시길 바랍니다.

3단계
꾸준히 나아가라

바른 생각과 의지를 갖고 있고 옳은 방향을 찾았더라도 꾸준히 나아가지 않으면 의미가 없습니다. 많은 강사들이 공부에 있어 의지보다 중요한 건 '실행과 습관'이라고 말합니다. 학생들과 대화해 보면 나름대로 의지와 목표를 갖고 있습니다. 하지만 막상 이를 실천으로 옮기는 학생은 많지 않습니다. 실력은 바로 여기에서 판가름 납니다.

최상위권 학생들의 공통점을 딱 한 가지만 꼽으라고 한다면 저는 망설이지 않고 다음과 같이 말할 것입니다.

'최저가 높다.'

최상위권 학생들을 모아놓고 보면 외모도 성격도 공부 성향까지도 다 다릅니다. 유일한 공통점은 대부분 '최저가 높다'는 것이죠. 여기서 '최저'란 성적이 아니라 '공부의 양'을 뜻하는 것입니다. 이는 즉, 눈이 오나 비가 오나 항상 일정 분량 이상의 공부를 해내는 학생들이라는 것이죠. 또 많이 공부할 때와 적게 공부할 때의 차이가 크게 벌어지지 않고, 매일 매일 꾸준히 최소한의 학습량은 반드시 채웁니다. 사람이 가진 힘 중에서 가장 강력한 무기가 '성실함'이 아닐까 생각합니다. 특히 공부에 있어 성실하다는 것은 당장 겉으로 티가 나지 않더라도 매우 강력한 결과를 만드는 무기를 가지고 있다는 겁니다.

시험이 닥쳐 며칠씩 밤을 지새우며 공부하는 학생들은 많습니다. 그러나 중간고사나 기말고사가 끝난 당일에도 공부를 이어가는 학생은 드뭅니다. 실제로 최상위권과 중상위권 학생들을 비교해 보면 이 부분에서 가장 큰 차이가 벌어집니다. 머리 좋기로 따지면 오히려 중상위권 학생들이 최상위권 학생들보다 우월한 경우가 많습니다. 하지만 이들이 최상위권으로 못 오르는 이유는 단 하나, 성실함이 부족하기 때문입니다. 시험에 임박해서야 급한 불 끄듯 공부하고, 평소에는 여유를 즐기며 놀 거 다 챙겨 놉니다. 이런 모습은 성적에 결과로 고스란히 반영되어 잘할 때와 못할 때의 기복이 큰 결과로 이어지게 됩니다.

이야기 ③
0.01%의 성실함으로
의대에 합격한 혜수

한 번씩 교사의 가슴을 울리는 학생들이 있습니다. 또 제 수업을 듣는 학생임에도 함께 있으면 도리어 제가 더 많이 배우는 학생들이 있습니다. 혜수가 그랬습니다. 혜수는 차분하고 조용한 성격의 학생으로 당시 제가 운영하는 수학학원과 국어학원을 모두 다녔습니다. 하지만 두 과목 모두 성적으로 두각을 드러내는 친구는 아니었습니다. 이렇듯 지극히 평범했던 혜수가 기억에 남는 이유가 있습니다.

혜수는 늘 질문하는 학생이었습니다. 대다수의 학생들이 질문을 어려워하는 데 비해 혜수는 모르는 것을 질문하기를 두려워하지 않았죠. 그렇다고 두서없이 막 질문하는 것은 아니고 고민에 고민을 거듭해도 풀리지 않는, 꽤 수준 높은 질문을 던졌습니다. 또 제가 가르친 3년 동안 단 한 번도 숙제를 거른 적이 없습니다. 저는 대부분의 수업에서 학생들에게 숙제를 3번에 나눠서 풀게 하며, 수업 후 24시간이 지나기 전에 복습하길 권하고 있습니다. 시간이 많이 지나면 보통 배운 내용을 기억하지 못하기 때문이죠.

하지만 많은 학생들은 수업 직전에서야 허겁지겁 숙제를 하고 복습은커녕 아예 숙제를 안 해오는 경우가 많았습니다. 하지만 다른 학생들과 달리 혜수는 제 조언을 허투루 듣지 않았습니다. 숙제를 꼬박 3번에 나눠 풀며 언제 어떻게 풀었는지까지 기록해 오는 학생이었죠. 복습도 철저히 했기 때문에 배운 것을 쉽게 잊지 않았습니다.

혜수의 성실함은 1년이 지나자 점차 두각을 나타내기 시작했습니다. 선행을 여러 번 돌린 친구들의 실력을 다 따라잡았죠. 한 번은 고전소설 「심청전」 전문을 읽도록 권한 적이 있는데, 반에서 혜수만 다 읽었습니다. 과제도 아니었고 강제로 시킨 것도 아니었기에 별다른 말은 하지 않았지만 내심 놀랐습니다. 이런 성실한 모습은 고등학교 3년 내내 꾸준히 지속되었습니다.

그리고 이러한 성실함은 성공적인 대입으로 이어졌습니다. 당시 수능 국어가 굉장히 어려워 전국에서 131명만 만점을 받았는데, 혜수가 여기 포함된 것입니다. 당연한 일이었습니다. 그해 혜수는 가톨릭대학교 의대에 당당히 합격했습니다.

이야기 ④
꾸준함으로 마침내
목표를 달성한 지민이

지민이는 고등학교 1학년 1학기까지 국어를 많이 어려워했습니다. 지민이가 다니는 T고등학교는 국어 시험이 어렵게 출제되는 학교로 유명했습니다. T고등학교는 사립고등학교인데, 선생님의 평균 연령이 높아 문제 유형이 최근에는 쉽게 보기 어려운, 예전 형식을 갖추고 있었죠. 외부 지문이 워낙 많이 출제되고 문제에 사용된 어휘도 어려워 애초에 실력을 갖추고 입학한 학생에게나 유리한 곳이었습니다. 그곳에서 지민이는 나름대로 최선을 다해 공부했지만 등급이 오르지 않아 괴로워했습니다. 게다가 이전 학원에서 선생님께 질문을 했다가 핀잔을 들었던 터라 심리적으로도 위축된 상태였습니다.

선생으로서 지민이가 너무 안타까웠습니다. 방법을 모른 채 열심히만 했던 지민이에게 국어를 잘할 수 있는 방법을 일러줘야겠다고 생각했습니다. 사실 국어뿐만 아니라 공부를 잘하려면 지금까지 했어야 하는 것, 현재 해야 하는 것, 앞으로 해야 할 것을 파악하는 것이 중요합니다. 그래야 방향이 잡히기 때문입니다.

보통의 고등학교는 크게 두 가지로 나눌 수 있습니다. 중학교까지의 성적과는 별도로 입학 이후에 열심히 노력하면 성과를 얻을 수 있는 학교가 있고, 주요 과목이 어느 정도 완성된 상태에서 입학해야 성과를 얻을 수 있는 학교가 있습니다. 지민이가 다니는 T고등학교의 경우 후자에 해당합니다. 이런 학교에서는 열심과 성실만으로는 좋은 성적을 내는 것이 힘듭니다. T고등학교 같은 곳에서 시험을 잘 보기 위해서는 최소한 다음 4가지 항목에 대한 점검이 필요합니다.

1) 국어 개념어 정리
2) 중등 문법에 대한 완전한 이해
3) 기본적인 한자어, 한자성어 암기
4) 자주 나오는 고전시가, 현대시 각 100편씩 학습

이 4가지가 완성된 상태에서 학교에서 배우는 내용을 공부했을 때 비로소 성적이 나옵니다. 제 이야기를 들은 지민이가 이 과정을 완성하려면 어떻게 해야 하는지를 물었습니다. 저는 자료를 제공한 뒤 모르는 부분은 설명해 줄 테니 공부해 보라고 했습니다. 단, 학원 진도를 한번 놓치면 따라가기 어려우니 과제를 성실히 따라야 한다는 조건을 덧붙였습니다.

그렇게 겨울방학이 시작되었습니다. 지민이는 방학 내내 학원 과제와 추가 과제까지 모두 소화하며 최선을 다해 공부했습니다. 방학 동안 특강 등으로 다른 시간은 도저히 낼 수가 없어 4주간 주 3회, 아침 7시에 보강을 잡아 따로 봐주었는데 결석하거나 지각한 적이 단 한 번도 없었습니다. 오전 10시 수업도 지각하는 아이들이 태반인데 말이죠.

하루는 새벽부터 기록적인 폭설이 내렸습니다. 아침 일찍 문자를 돌려 오전 수업을 모두 취소했는데 지민이만 답장이 오지 않고 전화도 받지 않는 겁니다. 혹시나 하는 마음에 학원으로 달려가니 눈을 하얗게 뒤집어쓴 지민이가 서 있었습니다. 그렇게 고1 겨울방학을 누구보다 열심히 보낸 지민이는 어떻게 되었을까요? 고2 중간고사에서 국어 100점을 받았습니다. 국어로는 전교 1등이었죠. 그해 국어시험이 무척 어렵게 출제되어 전교 2등이 84점을 받을 정도였습니다. 100점을 맞은 학생은 전교에서 지민이가 유일했습니다. 누구보다 성실했던 지민이는 이후 국어를 시작으로 모든 과목 점수가 크게 향상되었고, 2년 뒤에는 이화여자대학교에 장학금을 받고 입학할 수 있었습니다. 고1 주요 과목의 성적이 평균 5~6등급을 맴돌던 때를 생각하면 정말 놀라운 성장이 아니었나 생각합니다.

이야기 ⑤
부족한 실력을
양으로 채워 넣은 정훈이

정훈이는 중학교 3학년, 사고로 아버지를 일찍 여의었습니다. 밝고 명랑한 성격으로 장난기 가득했던 정훈이는 아버지의 죽음 이후 완전 다른 사람이 되었죠. 강의실 한편에 말 한마디 없이 조용히 앉아 있는 모습을 보니 제 마음이 아팠습니다. 정훈이의 변화는 그게 다가 아니었습니다. 갑자기 무섭게 공부하기 시작한 것입니다. 쉬는 시간, 휴일 할 것 없이 쉬지 않고 공부했고 결국 고등학교 입학 후 전교 1, 2등을 놓치지 않는 학생이 되었습니다.

정훈이의 아버지는 수학 선생님이셨습니다. 그래서 어릴 적 수학과 과학은 아버지를 통해 많이 익혔고 재능도 뛰어나 수월하게 높은 성적이 나오는 편이었죠. 문제는 국어였습니다. '아' 다르고 '어' 다른 미묘한 차이를 이해하는 데 상당한 어려움을 겪었습니다. 어떤 상황이든 일일이 설명해 주지 않으면 전혀 이해하지 못했고, 때로는 아무리 설명해도 받아들이지 못했습니다. 예를 들면 정훈이는 소설 「소나기」에서 자신의 마음을 몰라

주는 소년에게 돌을 던지거나 괴롭히는 장면을 전혀 이해하지 못했습니다. 좋아하면 잘해줘야지 왜 돌을 던지는지 알 수 없다는 것이 이유였습니다. 매번 설명하자니 가르치는 입장에서도 받아들이는 입장에서도 모두 답답해하는 상황만 반복되었습니다. 국어 쪽으로는 전혀 감이 없으니 다소 무식하더라도 양으로 밀어붙이는 수밖에 없었습니다.

매일 꾸준히 많은 양을 보게 해서 정확하게 이해는 못해도 '아, 이런 류의 문제는 이런 식으로 풀어야 답이 나오네' 하고 알게 하는 것이죠. 이 방법은 '국어만' 못하는 학생들에게 사용하는 것이 좋습니다. 주요 과목 점수가 잘 나오는, 즉 하루 공부량도 많고 공부도 잘하는 학생에게 사용했을 때 효과를 볼 수 있습니다. 하루 공부량이 적은 학생이라면 양으로 밀어붙이는 방식을 쓰는 순간 버티지 못하고 나가떨어질 수 있습니다. 다행히 정훈이는 평소 공부량이 많았기 때문에 이 방식을 적용했을 때 무리가 없었습니다. 특히 방학을 이용해 가장 어려워하는 현대시를 매일 10편씩 공부시켰습니다.

그러던 중 정훈이네 가족이 2주간 해외여행을 떠나게 되었는데, 여행을 내키지 않아 하던 정훈이가 제게 물었습니다. "선생님, 2주 동안 제가 뭘 하면 될까요?" 그냥 놀고 오라는 말은 정훈이를 더 불안하게 만들 것 같아 백과사전처럼 두꺼운 현대시 자료를 주고 시간이 날 때마다 보라고 했습니다. '설마 이 많은 양을 다 볼 수 있겠어?' 하는 마음이었죠. 그런데 2주 뒤 놀랍게도 정훈이는 수백 편의 현대시를 모두 공부해 왔습니다. 덕분에 남은 방학 기간에는 고전시가와 소설 기출까지 살필 수 있었죠. 이후 정훈이는 수시로 서울대학교에 합격했습니다.

제가 지금까지 설명드린 3명의 학생에게는 몇 가지 공통점이 있습니다.

첫째, 머리가 특히 좋거나 선행을 많이 한 학생들이 아닙니다.
둘째, 노력하는 자세와 성실함을 갖추었습니다.
셋째, 누가 강요하지 않아도 항상 일정한 양을 학습하는 꾸준함이 있습니다.

하루이틀 급할 때 밤을 새우며 벼락치기하는 것은 오히려 쉽습니다. 하지만 눈이 와도 비가 와도 시험이 끝나도 한결같이 일정한 공부를 해나가는 것은 훨씬 어려운 일입니다. 앞서 소개된 3명의 학생들은 모두 자신만의 방식을 적극적인 태도로 꾸준히 실행한 학생들입니다.

생각보다 우리 주위에는 혜수, 지민이, 정훈이 같은 학생들이 굉장히 많습니다. 재능이 특출나거나 공부머리가 있지 않아도, 책을 많이 읽지 않았어도, 자신만의 꾸준한 실천으로 승부를 보는 학생들입니다. 이 학생들을 통해 '실천의 힘'이 얼마나 큰 것인지를 느끼셨기를 바랍니다.

습관을 바꾸는 21일의 힘

생각의 감옥에서 벗어나 의지를 갖고 자신이 원하는 길을 찾았다면 이제 결과는 꾸준히 나아가는 것에 달려 있습니다. 묵묵히 실천해 나가는 것이죠. 실천은 '습관'이 형성되어 있다면 훨씬 수월하게 해나갈 수 있습니다. 습관을 바꾸는 것이 무척 힘들다고 생각하지만, 실제로 해보면 공부 습관은 생각보다 어렵지 않게 바꿀 수 있습니다.

제 경우 많은 학생들을 가르치면서 무엇이 되었든 간에 3주 동안 지속하면 많은 것들이 변하는 모습을 직접 봐왔습니다. 3주 간 노력을 지속할 수 있다면 어떤 습관이든 다 내 것이 됩니다. 미국 의사인 맥스웰 몰츠가 쓴 책 『맥스웰 몰츠 성공의 법칙(비즈니스 북스 | 2019년)』에는 '무엇이든 21일 동안만 계속하면 습관이 된다'는 주장이 등장합니다. 여기서 말하는 21일은 우리의 뇌가 새로운 것에 적응하는 최소 시간을 뜻합니다. 저 역시 학생들을 지도할 때 이 21일의 법칙을 활용하고 있습니다. 보통 첫 공부 계획을 세우며 21일을 기준으로 삼고 안 좋은 습관을 교정하는데, 이때 주의할 점은 21일 간 여러 가지를 동시에 이루려고 욕심을 내지 말아야 한다는 것입니다. 성공할 확률이 높고 충분히 실천 가

능한 작은 목표부터 하나씩 실행해 나가는 것이 좋습니다.

이렇게 21일을 꾸준히 해나가게 되면 누구나 목표를 달성할 수 있게 됩니다. 목표를 이루게 되면 성취감이 생기고 이는 다음 목표를 설정하는 데 큰 동기부여로 작용합니다. 중간에 무너져도 크게 낙담하지 마세요. 그 순간부터 다시 시작하면 됩니다. 이런 노력들이 모이면 결국 원하는 것에 가까워질 수 있습니다.

지금껏 이야기한 마인드셋 3단계, 1단계 생각의 감옥에서 탈출하기, 2단계 바른 길 찾기, 3단계 꾸준함으로 나아가기는 대입뿐만 아니라 삶에서 일어나는 모든 상황에 적용이 가능합니다. 초등부터 대입까지 무려 12년입니다. 이 긴 시간 동안 예상치도 못한 상황들로 많은 난관에 부딪히게 될 것입니다. 그때마다 3단계 마인드셋을 떠올려 현재의 상황을 점검하는 도구로 활용한다면 혼란스러운 매 순간마다 길을 잃지 않고 앞으로 나아갈 수 있도록 도와주는 나침반이 되어 줄 것입니다.

3부

목적지를 향해

초등 학부모가 알아둬야 할
과목별 공부법

책 읽기 vs 교과서 읽기

• • •

책 읽기를 강요하지 마라

초·중등 자녀를 둔 학부모는 교육에서 무엇보다도 책의 중요성을 강조합니다. 아이방 벽에 학년별 권장도서 리스트를 붙여놓고 하나씩 지워가며 숙제하듯 책을 읽히죠. 이때의 기억으로 평생 책을 싫어하게 되었다는 사람도 있을 정도입니다. 물론 인생에 있어 독서는 백번을 강조해도 부족할 만큼 중요합니다. 하지만 "독서를 많이 해야 수능 국어에 유리하다"라고 믿는, 즉 독서를 입시와 연결하는 현 상황은 제 입장에서 그리 달갑지 않습니다. 많은 초등학생들이 권장도서 및 필독서 리스트를 앞다투어 읽는 현재의 독서 방법은 사실 대입 공부와는 큰 연관성이 없기 때문입니다.

독서는 입시 결과에 결정적인 영향을 주지 않습니다. 책 한 권 제대로 읽지 않고 서울대에 간 학생도 수두룩하며, 독서광이라는 별명이 있을 정도로 책 속에 빠져 사는 학생이 재수하는 것도 많이 봤습니다. 심지어 독서가 취미인데 국어 성적은 엉망인 학생도 정말 많습니다. 물론 독서를 통해 혜택을 본 경우도 있겠지만 그것은 일말의 상관관계가 존재할 뿐, 인과관계라고 보기는 어렵습니다. 왜 그럴까요? 일반적인 생각으로는 '독서를 많이 하면⇨공부(특히 국어)를 잘한다'가 성립되어야 맞는 건데 말입니다.

예를 들어 축구선수가 꿈이라면 먼저 무엇을 해야 할까요? 축구 연습을 많이 해야죠. 축구 관련 책을 탐독하면 도움은 되겠지만 우선적으로 해야 할 일은 아닙니다. 또 피아니스트가 꿈이라면 피아노 연습에 매진해야 합니다. 피아노 관련 책을 읽는다 한들 실력에 큰 도움이 되지 않을 테니까요. 이와 비슷한 맥락으로 공부를 잘하려면 공부를 해야 합니다. 시험에서 좋은 점수를 받기 위한 공부는 교과서와 그에 기초한 학습서 정독이 중심이 되어야 마땅합니다. 문해력이니 독해력이니 하는 것들을 기른다는 명목으로 독서 리스트를 채우는 것이 아니란 말입니다. 풍부한 독서 경험은 읽는 속도 향상 등 장점도 있긴 하나 입시를 위한 공부와는 큰 연관이 없습니다.

···
수능 문제는 어떻게 출제될까?

그럼에도 불구하고 여전히 독서가 교과서 읽기보다 중요하다고 강조하는 분들이 계십니다. 이에 대해 이야기하려면 먼저 대입 시험 문제에 대한 이해가 필요합니다. 대입 시험 문제, 즉 수능은 교과서를 기반으로 교과 과정 내에서 출제하는 것이 원칙입니다. 이는 곧 교과서 읽기가 대입 시험 준비의 출발점이라는 말과 같습니다.

2022년도 수능과 관련하여 출제본부에서 보도한 자료를 보면 다음과 같습니다.

II. 출제의 기본 방향

2022학년도 대학수학능력시험 출제위원단은 모든 영역/과목에 걸쳐 고등학교 교육과정의 내용과 수준을 충실히 반영하고, 대학 교육에 필요한 수학 능력을 측정할 수 있도록 출제의 기본 방향을 다음과 같이 설정하였다.

첫째, 학교에서 얼마나 충실히 학습했는지 평가하기 위해 고등학교 교육과정의 내용과 수준에 맞추어 출제하고자 하였다. 교육과정에서 핵심적이고 기본적인 내용을 중심으로 출제함으로써 고등학교 교육의 정상화에 도움이 되도록 하였다. 또한 타당도 높은 문항 출제를 위하여, 교육과정에서 핵심적이고 기본적인 내용은 이미 출제되었던 내용일지라도 문항의 형태, 발상, 접근 방식 등을 변화시켜 출제하였다.

둘째, 대학 교육에 필요한 수학 능력을 측정할 수 있도록 출제하고자 하였다. 대학 교육에 필요한 기본 개념에 대한 이해와 적용 능력, 그리고 주어진 상황을 통해 문제를 해결하고 추리하며, 분석하고 탐구하는 사고 능력을 측정할 수 있도록 출제하고자 하였다.

※출처: 한국교육과정평가원

이를 기준으로 정리하면 대입 시험 문제의 출제 기준을 짐작해 볼 수 있습니다.

1) 고등학교 교육과정의 내용과 수준에 맞춰

2) 교육과정에서 핵심적이고 기본적인 내용을 중심으로

3) (교육과정에서 핵심적이고 기본적인 내용은) 이미 출제되었던 내용일지라도 반복해서

4) 고등학교 교육의 정상화에 도움이 되도록

5) 대학교육에 필요한 수학 능력을 측정할 수 있도록

학교에서 배우는 교과서를 토대로 수능 문제가 출제된다는 것을 확인할 수 있습니다. 그렇다면 교과서를 절대 대충대충 봐서는 안 됩니다. 어구 하나하나 놓치지 않고 꼼꼼하게 정독해야 할 것입니다. 특히 초중고의 교과 내용은 국가에서 인정한 반드시 알아야 하는 기초지식인 만큼 적극적으로 받아들여야 하는 것들이지, 비판적으로 생각하거나 재가공해야 하는 지식이 아닙니다. 교과서 속 지식은 모두가 함께 '그게 답이다' 하고 약속한 규칙 같은 것입니다.

수능에서 좋은 등급을 얻는 것이 목표라면 내 기준과 다르더라도 교과서에 나타난 대로 익히고 공부하도록 지도하시길 바랍니다.

* * *

양서 vs 교과서, 무엇이 먼저일까?

창의적·비판적 사고란 아무 근거 없이 내 주장만 펼치는 것이 아닙니다. 기준이 되는 지식을 잘 쌓고 이를 바탕으로 주장을 펼쳐나갈 때 비로소 의미가 생기죠.

교과서는 모든 지식 중에서 가장 기본이 되는 지식을 담고 있습니다. 그도 그럴 것이 오랜 시간 연구를 거쳐 여러 사상이나 학설들 중 그나마 문제없는 내용들을 토대로 쓴 책이기 때문입니다. 국가가 그 내용이나 체계를 인정하고 있으며, 그 타당성에 관해서도 책임지고 있습니다. 이 지식을 근간으로 기준이 명확하게 잡힌 상태에서 다른 책을 볼 때 올바른 창의적·비판적 사고가 성장합니다. 그리고 이것이 올바른 지식 체계를 갖추는 가장 건강한 방식입니다. 이때 쌓은 지식들은 비단 입시뿐만 아니라 대학교 입학한 뒤에도, 그리고 인생에서도 큰 자산이 됩니다.

한편 아직 가치관이나 삶의 기준이 세워지지 않은 어린 학생들이 소위 양서라고 불리는 책을 무작정 읽는 것은 어떤 면에서는 위험한 일이기도 합니다. 경우에 따라 어떤 양서는 무비판적인 시각으로 받아들였을 때 문제가 될 수 있기 때문입니다. 특히 고전의 경우 아이가 열심히 이해하며 정독하다가 현대 사상과 충돌하는, 잘못된 신념을 키울 수도 있습니다. 예를 들어 유가(儒家)의 고전을 감명 깊게 읽은 뒤 남녀차별 사상을 자연스럽게 받아들이게 되거나, 근대의 서양 사상서를 읽고 난 뒤 노예제를 적극 옹호하며 인종차별을 서슴지 않게 된다면 이건 끔찍한 일이 아닐 수 없습니다.

다독(多讀)을 했음에도 공부를 못하는 학생들의 공통점을 확인해 보면, 대부분 책 읽듯이 교과서를 훑어보고 있습니다. 어구 하나하나 꼼꼼하게 따지며 정독하지 않으니 입시에 필요한 기초지식을 쌓았을 리 만무합니다. 전체적인 흐름은 알겠는데 막상 파고들면 정확하게 아는 것이 없죠. 더 큰 문제는 이런 읽기 방식이 습관으로 굳었다는 사실입니다. 이 학생들은 '제대로 읽고 있다'는 착각에 빠져 있습니다. 한번은 교과서를 정독했다는 학생을 불러 하나하나 확인해 본 적이 있습니다. 분명 읽었는데 제 질문에 선뜻 답을 말하지 못하는 자신의 모습에 스스로도 당황하는 듯 했습니다. 이 학생은 배운 내용을 토대로 주어진 문제를 해결해야 하는 입시와 어울리지 않는 잘못된 지식 체계를 갖추고 있을 가능성이 높습니다.

그렇게 되면 대입 논술이나 면접 등을 볼 때도 불리해집니다. 우리는 초중고 12년간 대한민국이 자유민주주의 공화국임을 수차례 배웠습니다. 그럼에도 불구하고 '국가의 본질'을 묻는 질문에 교과서에 나온 그대로 '개인이나 기업의 자율성 보장'이라 답하지 않고, '대기업 규제'라고 말하는 학생들을 보면 머리가 어질어질합니다.

독서는 위험하니 하지 말라는 것이 아닙니다. 1부에서도 말했듯 독서의 장점은 무궁무진하니까요. 하지만 다독은 대입 성공과 큰 연관성이 없습니다. 아이의 올바른 성장을 위해 독서를 취미로 권장하는 것은 적극 찬성입니다만 '공부를 위해서'라는 이유로 독서에 접근하진 마세요. 공부를 잘하려면 교과서로 기초를 튼튼히 한 뒤 이에 기반한 학습서를 통해 내가 읽은 것이 어떻게 문제로 나오는가를 보고 연습하는 것이 더 중요합니다. 양서만 파서는 절대 답을 찾을 수 없다는 것을 기억하시길 바랍니다.

성공적인 대입을 바란다면 교과서를 정독하세요. 학년이 올라 갈수록 우선 그해 교과서 정독을 최우선해야 합니다. 지난 과정에서 놓친 주요 과목 교과서가 있다면 하루빨리 챙겨주세요. 모든 과정들이 충실히 지켜졌다면 이제 독서를 시작하셔도 괜찮습니다.

• • •
교과서를 '정독'하는 법

수능 만점자의 인터뷰를 보면 "교과서 위주로 열심히 공부했다"는 말을 많이들 합니다. 교과서뿐만 아니라 다른 학습서도 열심히 봤을 텐데, 인터뷰를 통해서는 하나같이 교과서 공부를 강조합니다. 왜일까요? 교과서가 그만큼 수능 시험에 유용했기 때문입니다. 앞서 말했듯 수능 문제의 출제 범위는 초중고 교과 과정 밖으로 벗어날 수 없습니다. 여러 심화학습서 역시 교과서 내용을 근간으로 응용한 것뿐입니다.

그럼 교과서를 어떻게 읽고 활용하는 것이 좋을까요? 다음은
공부 잘하는 학생들의 교과서 활용법입니다.

교과서 활용법

1) 교과서(혹은 교과서에 준하는 학습서)를 꼼꼼하게 체계화

  ⇨ 문제 해결의 기본적인 논리 구조를 갖추게 됨

2) 공부하다 막히면 교과서를 사전처럼 활용

  ⇨ 이해의 폭이 넓고 깊어짐

그렇다고 해서 최상위권 학생들이 수험 기간 내내 교과서에
많은 시간을 투자하진 않습니다. 다만 공부를 할 때 교과서 학습
을 최우선으로 한 뒤 그 내용을 자기 것으로 소화해 어디에서도
꺼내 쓸 수 있도록, 즉 기본기를 탄탄하게 다지는 데 시간을 할
애한 것이죠. 교과서를 제대로 이해하려면 정독은 필수입니다.
지금부터는 교과서를 정독하기 위한 구체적인 방법을 알려드리
겠습니다.

교과서 정독하는 법

1) 한 줄 한 줄 꼼꼼히 읽기

2) 모르는 단어나 내용은 백과사전을 활용해 완전히 이해하기

※교과서를 있는 그대로 이해할 것

3) 이해한 내용을 요약한 뒤 줄 맞춰 필기하기

4) 소단원 끝날 때마다 처음부터 다시 읽기

※직접 정리한 내용도 함께 읽을 것

5) 선생님이 가르치지 않고 넘어간 부분도 정독할 것

마지막 5)번 문항에 대해 부연설명을 드리자면, 보통 학교에서는 여러 이유로 교과서를 처음부터 끝까지 빠짐없이 가르치지 않습니다. 진도 압박에 생략하거나 마무리 짓지 않고 넘어가는 경우가 많죠. 그런 부분은 체크해 두었다가 따로 공부하여 학습에 공백이 생기지 않도록 하는 것이 좋습니다. 그래야 전후 상황이 파악되어 빈틈없이 교과서 내용을 이해할 수 있게 되니까요.

모든 공부의 기본은
'초등 교과서'

학생들은 학년이 올라갈 때마다 완전히 새로운 것을 배우지 않습니다. 초등학교에서 배운 지식을 심화하여 중학교에서 다시 배우고, 거기에 좀 더 심화하여 고등학교에서 다루는 구조입니다. 공부를 단계별로 쌓아가는 개념이라고 보면 됩니다.

예를 들어 초등학교에서 자판기 개념을 통해 함수를 배웠다면 중학교에서는 그 내용을 토대로 함수를 수식화 및 그래프화시키는 방식을 습득하며, 고등학교에서는 중등 내용에 기초해서 고차원의 다양한 함수들을 배우는 식입니다. 그 밖의 모든 과목도 마찬가지입니다.

초등학생이라면 지금 배운 것이 좋든 싫든 중학교와 고등학교, 이렇게 두 번이나 심화학습 및 복습을 해야 합니다. 그런데 초등학교 때 기초가 되는 지식을 제대로 갖추지 못했다면 갈수록 힘들어질 수밖에 없습니다. 그렇기에 초등 시기에는 암기나 심화보다 전반적인 이해에 초점을 맞춰 학습해야 합니다. 교과서에서 아이가 이해하지 못하는 내용이 없도록 말이죠.

간혹 운동선수를 준비하다가 부상 등의 이유로 고등학생이 돼

서야 공부를 시작하는 학생들을 만납니다. 이들은 규칙적인 삶에 익숙해서 한번 규칙을 정하면 철저히 지키려는 경향을 보입니다. 성실한 건 기본이고 어린 나이에 실패를 맛보았기 때문에 절박함도 있습니다. 하지만 이 학생들은 아무리 열심히 공부해도 상위권 문턱 넘기를 어려워하는 경우가 많습니다. 이들은 보통 수학보다는 국어나 영어에서 주춤하는데, 오답률이 낮은 문제들을 자꾸 틀리고 점수의 기복도 심합니다. 모두 어휘의 기초 개념이 갖춰지지 않았기에 발생하는 일입니다. 초등학생 시절 운동하느라 놓쳐버린 학습 공백이 이런 결과를 가져다주는 것이죠. 이런 경우 저는 중학교 2학년 수준의 국어 교과서를 앞서 언급한 방식대로 정독하게 합니다. 시간이 걸려도 반드시 시킵니다. 그렇게 본 과정을 거치고 나면 대부분 지금의 학습 수준에서 한 단계 올라섭니다.

초등학교 교과서 읽기, 정말 어렵지 않습니다. 그 해 자기 학년에 맞춰 보는 교과서 읽기는 시간도 충분하고 난이도도 쉬운 편입니다. 반드시 읽도록 독려하시길 부탁드립니다. 나중에 아이가 진지하게 학습에 임하려고 할 때 큰 힘이 됩니다.

교과서,
'초등 저학년'은 이렇게 공부합니다

초등학교 저학년 교과서는 유치원 때 보던 책이나 방문 학습 지보다 내용이 더 간단하고 쉽습니다. 특히 초등 1~2학년 교과서는 본격적으로 학습 시작용이라기보다 학습을 시작하기 위한 준비 단계용으로 사용됩니다. 이때는 가정에서 벗어나 사회 구성원으로서의 역할을 배우며 기본적인 규칙과 예절, 과목별 공부 방법에 대해 배우는 기간이니까요. 때문에 교과서 특유의 체계성이나 논리성을 집중 분석해서 습득할 필요는 없습니다. 이 시기에는 교과서에 있는 어휘나 개념에 대한 이해에 집중하는 것이 가장 중요합니다. 공부량은 총 1시간을 넘지 않는 분량으로 정하고, 그 범위는 학교에서 배운 내용을 복습하는 정도면 충분합니다.

아직 어린 학생들은 교과서를 어떻게 보는지, 그리고 어떻게 학습하는 것인지 알지 못합니다. 그러니 학부모님의 적극적인 도움이 필요합니다. 지금은 '학습을 하는 단계'가 아닌 '학습을 위한 준비 단계'라는 것을 기억하세요. 이 둘은 목표에서부터 차이가 납니다. 학습 단계에서 중요한 것은 '해당 부분의 지식 습득'이지만, 학습을 준비하는 단계에서 가장 중요한 건 '학습에 대한 흥미'를 느끼게 만드는 것입니다.

제가 아이들을 가르칠 때 학년이 낮을수록 가장 중요하게 생각하는 것이 있습니다.

'학원 가는 것이 싫지 않게 만드는 것'

고학년 학생들은 목표가 명확해 이와 같은 목표를 세우지 않아도 제 발로 학원에 찾아옵니다. 하지만 저학년 학생들은 아직 입시를 체감하기엔 이른 나이이기 때문에 일단 학원에 오는 것이 싫지 않도록 긍정적인 분위기를 형성해 주는 것이 좋습니다. 일단 학원에 와야 제가 공부도 알려주고 공부 습관을 형성할 수 있게 도움도 줄 수 있으니까요.

집에서도 마찬가지입니다. 일단 부모와 공부하는 시간이 싫지 않게, 책상에 앉는 일이 괴로운 일이 되지 않도록 도와주세요. '그다음 교육'이 가능하도록 말입니다.

학습에 관한 즐거운 기억이 쌓이도록

누차 강조하지만 저학년 아이를 교육하는 데 중요한 것은 지식 습득이 아닙니다. 욕심을 내려놓으세요. 아이를 앉혀놓고 공부를 시작하면 자신의 한계를 시험해야 하는 때가 여러 번 찾아옵니다. 질문에 엉뚱한 대답을 하거나 공부와 상관없는 말을 재잘대거나 하기 싫다고 도망을 갈 수도 있습니다. 또 얼마나 다양한 자세를 취하는지, 눈앞에서 몸을 비비 꼬는 아이를 보면 속이 부글부글 끓어오를 겁니다. 이때 학부모님께서 화를 내거나 호통을 치면 당장은 말을 듣겠죠. 하지만 아이 마음에는 이미 '공부하는 시간=괴로운 것'이라는 사실이 짙게 새겨질 겁니다.

그렇기에 공부에 앞서 학부모가 가장 먼저 해야 할 것은 아이를 혼내거나 화를 쉽게 분출하지 않도록 스스로의 마음을 다스리는 일입니다. 좀 더 단순하게 생각하세요. 공부 자세가 안 좋으면 자세를 바로 잡아주면 되고, 아이가 집중을 어려워하면 나가려던 진도를 멈추고 공부할 내용 중 아이가 흥미를 보일 법한 주제를 꺼내 대화를 이어가면 됩니다.

'어떻게 이것도 모르지?'
'이러다가 정말 바보 되는 거 아니야?'
'이건 혼내서라도 바로 알려줘야 하는 거 아닌가?'

학부모가 이와 같은 생각에 빠지기 시작하면 답이 나오지 않습니다. '공부'를 기준으로 아이를 자세히 들여다보면 걱정되는 것이 한두 가지가 아니니까요. 하지만 아이들의 성격, 태도, 습관, 말투 등은 앞으로도 수차례 바뀔 겁니다. 장담컨대 아이가 지금 이대로 성장하는 일은 결코 없습니다. 그렇기 때문에 지금 가장 중요한 것은 지식 습득이 아니라 '공부에 흥미를 잃지 않는 것'이라고 재차 말씀드리는 것입니다. 영어 한두 단어 더 외우고, 어려운 국어 단어를 기억하고, 수학 문제를 척척 푸는 것보다 학습에 대한 즐거운 경험을 누적하도록 이끄는 것이 가장 중요합니다.

저학년 교과서 이렇게①
교과서를 통해 대화하기

초등 1~2학년의 공부 시간은 학부모와 아이가 모든 것을 나누고 소통하는 시간으로 활용해야 합니다. 이때의 목표는 아이와 놀고 대화하며 교과서를 친숙하게 느끼도록 바탕을 깔아주는 것으로 삼으세요. 아이가 다음 과정으로 넘어가기 위해 필요한 기초 지식을 이해하고 있다면 그 이상 무리해서 뭔가를 더 하지 않아도 됩니다. 예를 들어 수학이라면 덧셈을 알아야 다음 단계로 넘어갈 수 있죠. 그렇다면 교과서에 나온 덧셈의 개념을 이해하고 문제를 풀어보는 정도로만 이해시키면 됩니다. 수학은 스스로 푸는 것이 중요한 과목이지만, 아직 초등 저학년이라면 수학 개념이 제대로 자리 잡기 전일 겁니다. 이때는 문제 풀이 방식을 단계별로 보여주고 따라 해보도록 이끌어주는 것이 좋습니다.

아이가 '흥미'를 느끼고 '할 수 있다'는 마음이 들도록 하는 것이 가장 중요합니다. 초등 저학년 교과의 진도는 빠르지 않으며, 아이에게는 충분한 시간이 있습니다. 그 시간을 충분히 활용해 아이가 해당 학습을 잘 이해하고 자신의 것으로 만들 때까지 기다려주고 지도해 주는 것이 좋습니다.

국어 교과서를 공부할 때는 사전을 옆에 두고 모르는 어휘가 나올 때마다 함께 찾아보는 것을 추천합니다. 평소 사전과 친하게 지낸 아이들은 교과서 속 단어와 표현들을 쉽게 이해하고 받아들입니다. 지문에서 글 또는 그림으로 제시된 상황을 설명한 뒤 "너라면 이 상황에서 어떻게 했을까?" 하고 질문을 던지며 대화를 유도하는 것도 교과서와 친해질 수 있는 방법입니다. 반대로 아이가 읽고 이해한 내용을 부모에게 설명하도록 자리를 마련해 주는 것도 좋고요.

교과서에 나온 주제를 자신의 상황에 맞게 재구성해 보는 것도 방법입니다. 예를 들어 '칭찬하기'와 관련된 주제가 나왔다면 스스로에게 하고 싶은 칭찬이 있는지, 학부모가 아이에게 칭찬해 주고 싶은 점은 무엇인지에 대해 이야기를 나누는 겁니다. 교과서에 있는 그림을 활용한 대화도 좋습니다. 교과서 속 친구들은 어떤 표정을 짓고 있는지, 표정에서 느껴지는 감정은 어떤 것인지에 대한 대화는 물론이고 재미있는 동물 그림을 찾아 동물에 대한 이야기를 나눠볼 수도 있습니다.

실제 1~6학년까지의 국어 교과서에는 굉장히 많은 그림들이 수록되어 있는데, 그 그림을 유심히 보다 보면 매우 많은 정보가 보입니다. 그래서 그림을 살피면 교과의 내용을 더 잘 이해할 수 있게 될 뿐만 아니라 글에서 놓친 부분까지 다시 생각해 볼 수 있는 기회가 열리기도 합니다. 또한 그림을 유심히 살펴보는 습관은 관찰력을 높일 수 있어 학습을 해나가는 데 좋은 동력이 됩니다.

이렇듯 교과서를 통해 아이와 대화를 나누다 보면 아이가 각 과목을 어떻게 받아들이고 있는지 짐작할 수 있습니다. 이를 통해 아이의 장단점을 면밀히 분석할 수 있게 되죠. 이야기는 쉽게 이해하는데 어휘의 정확한 뜻을 알아내는 걸 싫어하는 아이가 있고, 숫자가 나올 때마다 괴로워하는 아이도 있습니다. 반면 어떤 아이는 숫자는 좋아하는데 설명이 조금만 길어지면 참지 못하고 힘들어합니다. 이렇듯 교과서를 활용한 대화를 통해 아이의 공부 성향을 파악하면 어떤 점을 보완하고 어떤 점을 강화하면 좋을지 가늠해 볼 수 있게 됩니다. 빨리 알게 될수록 어렵지 않게 교정해 줄 수 있으니, 저학년 기간을 아이의 공부 성향을 파악하는 기회의 시간으로 활용하시면 좋겠습니다.

문장을 쪼개서 이야기하기

과목별로 어떤 부분을 배우든 가장 먼저 새로운 '어휘'의 뜻을 충분히 이해하고 넘어가야 합니다. 국어 지문을 읽든, 수학 문제를 풀든 문장을 읽고 모르는 단어가 나오면 바로 알려주기보다는 앞뒤 맥락을 살피며 스스로 뜻을 유추해 볼 수 있도록 시간을 주시면 좋습니다. 이후 좀 더 자세한 설명으로 아이가 단어를 제대로 이해하고 실생활에서 활용해 볼 수 있도록 도와주세요.

보통 저학년 아이들은 각각의 단어 뜻은 알지만 이 단어가 문장 속에 등장했을 때 단번에 뜻을 떠올리지 못하기도 합니다. 반대로 아는 단어를 적재적소에 사용하는 일도 어렵습니다. 스스로 생각하는 힘이 부족해 아는 것을 바로바로 적용시키는 것이 서툴기 때문입니다. 그러니 초반에는 문장이나 단어가 익숙해질 수 있게 귀로 듣고 입으로 소리 내어 말하도록 여러 차례 연습하는 것이 좋습니다. 저학년 교과서에는 활자의 양이 많지 않으니 반복적으로 소리 내어 여러 번 읽혀보세요.

그럼에도 불구하고 아이가 문장을 이해하지 못할 경우에는 문장 속의 키워드를 선별해 아이에게 질문을 던져봅니다.

"택시 3대가 있는데 1대가 더 들어오면 택시는 모두 4대입니다."

예를 들어 위와 같은 문장이 있다면 아래 처럼 문장을 쪼개서 아이와 이야기해 보는 것입니다.

"택시 3대가 있는데 / 1대가 더 들어오면 / 택시는 모두 4대입니다."

학부모 : 여기에 뭐가 있대?

아이 : 택시!

학부모 : 택시가 뭔지 알아?

아이 : 저번에 치과가면서 탄 자동차 아니야?

학부모 : 그렇지, 지난번에 엄마랑 같이 탄 거지? 여기 택시가 몇 대가 있대?

아이 : 3대가 있대.

학부모 : 아아… 3대가 있구나. 그럼 여기에 1대가 더 들어오면 총 몇 대일까?

아이 : 음… 그러니까…

학부모 : 모르겠으면 손가락으로 세볼까?

한 문장을 잘게 쪼개서 질문하고 아이가 답하게 하면서 이야기에 점차 집중하도록 만들어주는 것이죠. 어느 정도 진행이 되면 아이 스스로 문제를 읽고 풀 수 있게 됩니다. 그럴 때는 옆에서 지켜보면서 막히는 부분이 보일 때만 도와주시면 됩니다.

저학년 교과서 이렇게③
배운 것을 생활과 연결 짓기

공부를 꼭 책상 앞에서만 할 필요는 없습니다. 생활 속에서 배운 것을 적절히 활용한다면 크게 힘들이지 않고 복습을 시킬 수 있습니다. 예를 들면 길을 지나가다가 버스가 여러 대 서 있으면 같이 수를 세보는 겁니다.

학부모 : 저기 정류장에 버스가 몇 대나 서 있는 걸까?

아이 : 하나, 둘, 셋, 넷… 4대나 있어!

학부모 : 맞아. 총 4대가 있네. 어? 저기 1대가 출발한다. 어? 이제 총 몇 대지?

아이 : 1대가 갔으니까 이제 3대야.

학부모 : 와아, 우리 ○○이 덧셈, 뺄셈 너무 잘하는걸?

이렇듯 아이는 덧셈과 뺄셈의 원리를 눈으로 보며 암산을 해 볼 수 있고, 잘 대답한 아이에게 칭찬할 기회까지도 자연스럽게 만들 수 있습니다. 또 국어 교과서에서 '설날'의 개념에 대해 배 웠다면 진짜 설날이 되었을 때 함께 떡국도 먹고 세배를 하며 이 풍습들이 어디서부터 유래된 것인지에 대해 대화해 볼 수도 있 죠. 역사 공부를 했다면 실제로 박물관이나 유적지를 찾아가 경 험으로 생생하게 남겨주세요. 이때 수업에서 배운 지식을 부모 에게 설명할 수 있도록 이끌어준다면 아이는 오감으로 익힌 내 용을 절대 잊지 않을 것입니다.

이렇듯 교과서에서 보고 읽은 것들이 실제로 존재하고 또 실 생활에서 활용될 수 있다는 것을 깨닫게 되면 아이들은 배움의 기쁨을 체감합니다. 또 아는 것을 부모에게 설명하는 과정을 통 해 성취감을 얻고, 더 자주 설명하고 싶은 마음에 적극적으로 공 부에 임합니다. 교과서를 읽더라도 우리 주변에서 이와 연결할 수 있는 게 없을지 자연스럽게 연결고리를 떠올리게 되고, 이 과 정을 통해 머릿속에 스스로 배운 것을 정리하고 복습할 시간을 갖습니다.

이렇듯 학습 초반에는 학부모가 개입해 올바른 공부 습관과 방향을 잡아주시고, 아이 스스로 결정하고 계획할 수 있도록 점 차 개입의 빈도를 줄여나가면 됩니다. 결국 우리의 최종 목표는

'아이 스스로 공부할 수 있도록' 돕는 것이라는 사실만 잊지 마세요.

· · ·

교과서,
'초등 고학년'은 이렇게 공부합니다

고학년이 되면 교과서 개념에 체계가 생기고 배우는 지식의 수준도 한층 높아집니다. 저학년까지는 본격적으로 공부를 시작하기 전 학습에 필요한 도구(한글, 덧셈, 뺄셈 등)를 사용하는 방법을 익히는 시간이었다면, 이제는 중고등까지 연결되는 지식을 차곡차곡 쌓기 시작해야 하는 때입니다. 굳이 학생의 실력을 테스트해 보지 않아도 선생님은 딱 보면 압니다. 학습 수행 능력에서부터 상위권이 될 학생과 하위권이 될 학생이 구분되기 때문이죠. 상위권이 될 학생들은 지금까지 익힌 도구를 활용해 스스로 생각하고 문제를 해결해 나가는 모습을 점차 갖춰나갑니다. 하지만 반대의 학생들은 어떤 학습에도 흥미를 보이지 않고, 주어진 과제만 억지로 대충 끝내려는 경향을 보입니다. 저학년 시절 교과서에서 다룬 기초 지식을 잘 이해한 학생이라면 학습 수행 능력에서 충분히 좋은 평가를 받을 수 있습니다.

고학년이 되었다면 이제는 교과서를 정독하는 것에서 나아가 복습의 개념으로 문제집을 풀게 하는 것이 좋습니다. 이때 문제집은 아이가 소화 가능한 수준인지, 교과 과정을 잘 반영하고 있는지를 보고 선택하시면 됩니다. 그러나 아이가 현행을 버거워한다면 문제집을 추가하지 않으셔도 됩니다. 차라리 교과서를 좀 더 읽고 잘 이해할 수 있도록 하는 것이 이롭습니다.

앞서 고학년이 본격적으로 공부를 시작하는 때라고는 했지만 대입을 기준으로 보면 아직까지도 충분한 여유가 있습니다. 지금 배우는 내용 역시 기초 지식을 쌓는 수준에서 웃도는 정도니, 당장 높은 시험 점수를 받는 것보다 지식 체계를 확립하는 것에 집중해야 합니다. 교과서 정독, 즉 교과서에 사용된 단어나 문장을 읽고 전체적인 흐름을 이해하는 것에 주안점을 두는 것이 바람직합니다. 고학년 때는 딱 두 가지만 기억하시면 됩니다.

1) 스스로 공부하기
2) 지식 체계의 큰 틀 세우기

아이가 중학생이 되기 전 이 두 가지 사항을 반드시 깨우치도록 도와주세요. 이때 형성된 습관은 평생을 좌우한다고 해도 과언이 아닙니다. 그러지 못할 경우 훗날 어려운 지식을 익히는 것도 부족한 시간에 '스스로 공부하는 법'과 '지식 체계의 큰 틀을 세우는 법' 이 두 가지를 익히기 위해 따로 시간을 내야 할 수도 있습니다. 두 가지에 대해 좀 더 자세히 들여다보겠습니다.

고학년이라면①
스스로 공부하기

결국 공부는 스스로 하는 것입니다. 모두가 알지만 많이들 놓치고 있습니다. 중학교까지는 우수한 성적을 유지하다가 고등학교에 와서 무너지는 학생을 정말 많이 만났습니다. 이런 학생들의 공부 패턴을 살펴보면 공통적으로 발견되는 문제가 있는데, 바로 중학교 때까지 '수동적'으로 공부했다는 겁니다.

초등학교까지는 학부모의 적극적인 개입이 필요합니다. 학부모가 얼마나 어떻게 개입했느냐가 아이의 실력을 판가름하죠. 그런 이유로 거실을 공부방처럼 만들어 아이의 공부를 내내 감시하고 강요하는 학부모가 많습니다. 옆에 끼고 앉아서 억지로 공부하게 하니 당장 학원이나 학교 시험에서 좋은 점수를 받아오긴 합니다. 하지만 이 교육방식이 통하는 것은 길어봤자 고등학교 입학 전까집니다.

이렇게 공부한 학생들은 고등학교에 가서 대부분 대책 없이 무너집니다. 기존의 방식으로 할 수 있는 양도 아니거니와 충분히 생각하는 시간을 갖지 않았기에 대부분의 단원에 손도 댈 수 없습니다. 이때는 부모의 개입도 쉽지 않습니다. 난이도도 그렇지만 양도 방대해 소화할 수 있는 수준이 아니니까요. 다음 단계는 뻔합니다. 나가떨어지거나, 부모에게 반항하거나. 어떤 과목에도 흥미가 안 생기고 무기력해집니다. 진검승부가 시작되는 것은 고등학교부터인데, 혼자 달리는 법을 알지 못해 결승선을 눈앞에 두고 주저앉는 겁니다.

반면 중학교까지 존재감이 없다가 고등학교부터 치고 올라가는 학생들도 상당히 많습니다. 이따금씩 학부모님과 상담을 하다 보면 특정 학생을 가리켜 이렇게 말씀하시는 경우가 있습니다.

"중학교까지는 우리 애랑 걔랑 비교도 안 됐는데, 고등학교 올라가서 정신 차렸나 봐요."

저는 그렇게 생각하지 않습니다. 해당 학생의 중학교 성적이 낮았던 이유는 '이해' 위주의 공부를 했기 때문입니다. 그래서 주요 과목의 성적은 안정적이었지만 나머지 암기과목의 점수가 낮아 실력이 좋지 않은 학생처럼 보인 것이죠. 하지만 이들은 초·중등 과정의 교과서를 충분히 이해해 왔고, 그 과정에서 스스로의 공부법을 터득해 나간 학생들입니다. 어떤 과목, 어떤 난이도의 문제가 던져져도 스스로 고민하고 답을 찾아내는 방법을 알고 있습니다. 나머지 암기 과목은 이제부터 외우면 됩니다. 이 모든 것이 시너지가 나는 순간인 고등학교 이후부터는 성적이 쭉쭉 상승합니다.

스스로 생각하는 훈련 없이 부모가 이끄는 대로 따라가 실패를 경험해 보지 않은 아이들은 문제가 조금만 어려워져도 난리가 납니다. 자신만의 문제 해결 능력이 없으니 이런저런 시도를 해볼 용기도 나질 않습니다. 당연히 이 학생들은 고등학교 입학 이후 성적이 바닥으로 곤두박질칩니다.

대입을 결정하는 건 고등학교 성적입니다. 지금은 결정적인 순간에 자신이 쌓아온 잠재력을 발휘하기 위해 뿌리를 다져나가는 거라 생각하세요. 튼튼한 뿌리를 가진 아이들은 절대 무너지지 않습니다. 학부모님께서는 아이가 미리 달리다가 방전되지 않도록, 올바른 길로 달릴 수 있도록 건강한 페이스메이커가 되어 주시길 바랍니다.

고학년이라면②
지식 체계의 큰 틀 세우기

고학년은 본격적으로 학습이 시작되는 시기이기에 큰 틀을 세우는 법을 연습해야 합니다. 학문적으로 약속된 논리 체계의 뼈대를 세워야 한다는 것입니다. 쉽게 말하면 지금 내가 읽고 있는 내용이 어디에 해당하는지를 알아야 한다는 것입니다.

만약 '고려'에 대해 설명하라는 질문을 받는다면 무엇부터 설명하실 건가요? 지식의 뼈대를 잘 세운 학생들은 이를 어떻게 설명할지 머릿속에 순서가 그려집니다. 우선 고려의 정치제도와 신분제도부터 시작해 경제제도, 국방제도 및 문화에 대해 차례대로 설명하겠죠. 어린 시절부터 봐온 교과서가 바로 이런 순서로 편제되어 있기 때문입니다. 본질은 초중고 모두 똑같습니다. 일례로 한 국가의 '정치, 경제'라는 말은 자연스러운데 한 국가의 '경제, 정치'라고 하면 위화감이 드는 것도 이런 맥락에서 비롯된 것입니다.

역사를 예로 들었지만 다른 과목에도 모두 체계성과 틀이 존재합니다. 초등학교 고학년은 바로 이 틀을 놓치지 말아야 합니다. 틀은 생각보다 쉽게 익힐 수 있습니다. 여러 전문가들이 머리를 싸매고 고민한 것을 '목차'에 잘 정리해 두었으니까요. 그렇기에 본격적인 공부에 앞서 교과서의 목차를 읽고 간략하게 외워두길 바랍니다. 그리고 교과서를 펼치기 전 오늘 공부할 부분이 목차에서 어느 부분에 해당하는지 확인하며 공부를 시작하는 습관을 들여야 합니다. 이 과정이 몸에 익으면 익을수록 머릿속에 세운 체계가 점차 구체화될 겁니다. 공부 시작 전 목차 외우기는 최상위권 학생들의 암기 비법이기도 합니다.

좀 더 쉽게 설명해 보겠습니다. 여기 요리를 잘하는 사람과 요리를 못하는 사람이 있습니다. 이 둘은 어떤 차이가 있을까요? 요리를 잘하는 사람은 머릿속에 논리적인 구조를 세우고 있습니다. 예를 들어 된장찌개를 만든다고 하면 메뉴가 한식이니 다진 마늘은 기본으로 들어갈 테고, 국물 요리니까 육수를 위해 된장과 멸치가 필요하다는 것을 자연스럽게 떠올립니다. 거기에 취향대로 양파, 감자, 두부 등을 넣으면 되겠다고 생각하죠. 어렵게 생각하지 않아도 순서가 자연스럽게 그려집니다. 하지만 요리를 못하는 사람들은 된장찌개의 재료가 된장, 멸치, 다진 마늘, 양파, 감자, 두부라는 것부터 달달 외웁니다. 하지만 각 재료가 왜 필요한 것인지를 모르기에 순서도 혼동하고, 꼭 필요한 재료를 빼먹기도 하죠. 그래서 된장찌개를 끓이는데 나머지 재료는 완벽하게 준비해 놓고도 된장이 빠지는 웃긴 상황이 벌어지는 것입니다.

지식을 체계화해 틀을 세운다는 건 이런 겁니다. 초등학교 시절, 이 지식 체계화 방식을 익힌 아이들은 중학교, 고등학교까지도 문제없습니다. 학년이 올라갈수록 공고해지고 깊어지는 목차의 체계를 누구보다 쉽게 이해하고, 지식 체계의 틀을 점차 키워가는 데 집중할 테니까요.

마지막으로 정리해 보겠습니다.

지식 체계를 구체화하는 과정

1) 과목별 공부 시작 전 목차 간략히 외우기

2) 매 단원에 들어갈 때마다 목차의 어느 곳에 해당하는지 확인하기

3) 매 단원이 끝날 때마다 목차의 어느 곳을 마쳤는지 확인하고 중요한 내용 떠올려보기(기억에 남지 않는 것은 다시 확인하기)

4) 마지막 단원이 끝나면 처음부터 다시 떠올리며 학습하기

초등학교 고학년의 목표는 교과서 목차를 암기하고 목차 뼈대에 살을 붙이는 방법을 배우는 것입니다. 이것만 잘 훈련된다면 초등학교 때는 공부로 눈에 띄지 않았더라도 중학교, 고등학교에 가서 최상위권으로 자리 잡은 다음 쭉 유지하게 될 겁니다. 가면 갈수록 힘을 발휘하는 전략이니 꼭 활용하시길 바랍니다.

공부의 뿌리, 국어와 한자

국어는 '학습해야만' 하는 과목이다

국어시험이 갈수록 어려워지고 있습니다. 그래서 주요 과목 중에서도 대입의 진검승부는 국어에 있다고들 말합니다. 왜 그럴까요? 단순하게 생각해 보면 국어시험이 어려워지고 있기 때문입니다. 특히 '정시'에서는 '표준점수'가 중요한데, 이 표준점수는 난이도를 반영하는 점수입니다. 쉽게 말씀드리면, 어려운 시험을 잘 본 학생이 상대적으로 많이 유리해진다는 뜻이죠. 반대로 쉬운 시험을 잘 본 학생에게는 큰 이점이 없습니다.

또한 국어시험은 1교시입니다. 1교시에 국어시험을 봤는데 시간이 너무 부족해서 한 지문을 통째로 날렸다면? 시험을 보면서 너무 어렵다는 생각이 들었다면? 이 혼란을 경험하게 되면 대부분의 학생들은 이어지는 다음 과목 시험에 어떻게든 영향을 받을 수밖에 없습니다. 실제로 이런 일은 자주 보게 되는 일입니다. 국어를 망쳤다고 생각해서 계속 걱정하다가 뒤의 과목도 줄줄이 망쳤는데, 국어 등급컷이 워낙 낮게 나온 바람에 높지 않은 점수로 1등급을 받은 것이죠. 그 대신 상대적으로 어렵지 않았던 다른 과목들은 모두 1등급을 놓친 겁니다.

결과적으로 이렇게 시험이 어려워지고 있을 때 국어를 잘하면 표준점수를 잘 받을 수 있어 실질적으로 대입에 많이 유리해집니다. 1교시 첫 시험이기에 시험 당일 멘탈 관리에서도 긍정적인 효과도 볼 수 있습니다. 직접적인 이유는 이렇게 두 가지지만 간접적인 이유 역시 얼마든지 더 들 수 있습니다. 국어에서 비문학까지 성취도가 높은 학생들은 탐구과목은 물론, 수시전형인 논술이나 면접 문제도 더 쉽게 이해할 수 있습니다.

그렇다면 국어는 도대체 얼마나 어려워진 걸까요? 1부에서 표로 가볍게 언급했지만 2022년 수능 국어는 또 역대 최고 난이도로 평가됩니다. 전국에 수학 만점자는 2702명, 영어 1등급(영어는 절대평가로 만점과 1등급 점수차가 없음)은 2만 7830명이라는데, 국어 만점자는 고작 28명이 다였습니다. 정작 그해 수능평가원은 국어 문제를 어렵지 않게 출제했고 초고난도 문항은 없었다고 발표했는데 이런 결과가 나온 것이죠. 1교시를 망치니 연쇄적으로 시험을 망친 학생들이 속출했고, 국어 때문에 원하는 대학을 포기해야 하는 학생들도 상당히 많아졌습니다.

2022년 6월 모의평가를 기준으로 살펴보면 재수생의 비율이 2021년에 비해 무려 13.6% 증가했습니다. 재학생 비율은 오히려 소폭 감소했고요. 2021년 수능에 응시한 재수생 비율은 25.7%로 이미 지난 10년간 최고 수치를 기록했는데, 2023년은 이보다 더 할 것이라 예상하고 있습니다. 재수생 비율이 증가했다는 것은 원하는 대학에 합격하지 못한 학생들이 그만큼 많았다는 것을 의미합니다.

좋은 대학에 가고 싶다면 국어시험을 잘 봐야 합니다. 국어는 대충 이해하는 과목도 아니고, 책을 많이 읽어 해결할 수 있는 과목도 아닙니다. 반드시 학습해야 합니다. 그것도 열심히 해야 합니다. 그래야 좋은 성적을 거둘 수 있으며 이 점수로 대학에 합격하게 됩니다. 이 점을 꼭 기억해 주시기 바랍니다. 대입에서 성공하기 위해서는 수능 국어시험을 잘 봐야 한다는 것을요.

토론 1등이
수능 1등급이 되지 못하는 이유

어릴 때 말을 잘하는 아이들을 보고 어른들은 "아유~ 똑똑하다"고 말합니다. 말을 잘하는 아이들은 똑똑해 보이고, 우물쭈물거리며 할 말을 못하는 아이는 어딘지 모르게 부족해 보이기 때문입니다.

하지만 말을 잘한다고 해서 이 학생들이 국어시험을 잘 볼까요? 그렇지 않습니다. 국어 1등급 학생들 중에서 말을 조리 있게 하지 못하는 학생이 정말 많습니다. 오히려 말하는 것이나 표현이 하도 답답해서 '점수나 제대로 나올까?' 하고 걱정했는데, 시험만 보면 1등급을 받는 아이들이 수두룩합니다. 이런 것들을 따져본다면 수능 국어에서 좋은 등급을 얻기 위해 필요한 건 말을 잘하는 것이 아닙니다. 중요한 것은 '체계적인 학습'이죠. 국어 점수를 잘 받으려면 국어 역시 학습적으로 접근해야 합니다. '우리 애는 말을 잘하고 책을 좋아하니까 국어는 잘할 거야' 하고 가볍게 넘어갔다면 고등학교 이후 충격적인 국어 성적에 크게 놀랄 수 있습니다.

보통 초등 학부모님들은 아이의 국어 실력 향상을 위해 독서,

토론, 논술 학원을 조기부터 등록합니다. 그것 외에 어떻게 국어를 대비해야 할지 방법을 모르니 그저 뭐라도 읽히며 대비해야겠다고 생각합니다. 물론 책을 많이 읽고 자신의 생각을 써보고 말하는 모든 일들이 도움이 되지 않는다는 건 아닙니다. 이 과정을 아이가 즐겁게 여긴다면 공부를 떠나 많은 것들을 배우고 습득할 기회를 얻는 시간이 될 테니까요. 하지만 이 과정이 수능 국어 점수를 높이기 위한 지름길은 아닙니다.

수능 국어는 갈수록 어려워지고 있습니다. 이 글을 쓰고 있는 2022년에는 역대급 불수능으로 많은 수험생을 울렸습니다. 이렇게 어려운 시험인데도 불구하고 국어는 영어, 수학과 달리 학습적인 접근이 가장 늦게 시작되는 과목입니다. 수능 국어는 말을 잘하고 책을 많이 읽으면 잘 볼 수 있는 시험이 아닙니다. 딱 한 가지만 제대로 기억해 주시길 바랍니다. 수능 국어에서 요구되는 것은 '체계적인 국어 학습', 이것이 가장 정확한 길이며 가장 빠른 길이라는 것을 말입니다.

• • •

국어, 어떻게 공부해야 할까?

체계적인 국어 공부가 얼마나 중요한지 앞서 말씀드렸으니 이

제 어떻게 공부해야하는지에 대해 구체적으로 설명하려고 합니다. 훗날 고등 국어 학습에 도움이 되는 방향으로 초점을 맞추었습니다. 누구나 할 수 있는 방법을 제시해 드릴 테니 차근차근 따라 해보시면 좋겠습니다.

초등학교 1~2학년

언어를 올바로 익히고, 말과 글에 흥미를 유발한다

이 시기에는 교과의 내용이나 학습적 지식에 대한 부담을 주지 않는 것이 좋습니다. 학습적인 언어를 처음 익히고 배워나가는 단계이기 때문에 각 단어와 문장의 의미를 잘 이해해 나가는 것에 초점을 두세요. 즉, '교과 중심'이 아니라 '언어 중심'의 접근이 바람직합니다. 언어는 사회적 약속입니다. 가정과 사회에서 올바른 의사소통을 하려면 올바른 언어를 배워야 합니다. 이 시기는 첫 단추를 꿰는 때이기에 상황별로 정확한 표현을 사용할 수 있도록 지도하는 것이 바람직합니다.

교육부가 고시한 초등국어과 교육과정에 따르면 초등 1~2학년의 성취 기준은 다음과 같습니다.

초등학교 1학년은 부모의 품에서 나와 학교생활을 하면서 다른 사람과의 상호작용을 해야 하는 시기, 즉 '나'에서 '주변'으로 생각을 점점 확장해 나가야 하는 때입니다. 모든 상황이 다 낯설어 두려움을 느끼는 아이도 많습니다. 이런 때에 학습적 부담까지 더해진다면 아이가 너무 힘들어집니다. 공부를 부정적인 것으로 인식하게 될 가능성도 높아지고요.

1~2학년의 성취 기준은 일상생활에서 원활한 소통과 학습에 필요한 국어적인 능력을 갖추어나가는 것이기 때문에 이에 맞게 지도를 해주시면 됩니다. 또한 이 과정에서 말과 글에 대한 흥미를 잃지 않도록 도와주세요. 학습적인 부담은 갖지 않아도 되지만 단어 하나를 써도 정확한 뜻을 알고 사용하는 것과 자신의 상황이나 감정을 표현할 때도 올바른 표현을 사용하고 있는지 확인하는 것이 중요합니다. 이를 위해 어휘의 의미를 정확하게 이해하도록 도와주시는 것이 좋습니다.

예를 들어 '닫히다'와 '다치다'는 소리가 비슷한 말인데 각각 무슨 의미를 품고 있으며, 어떻게 사용하는지, 쓸 때는 어떻게 쓰는지를 알려주는 것이죠.

① 단어를 소리 내서 정확하게 읽고 의미 말해주기
· 닫히다[다치다]: 문, 서랍 등이 다른 것에 의해 닫아지다.
· 다치다[다치다]: 몸의 어느 부분을 맞거나 부딪쳐 상처가 나다.

② 다음 문장에 어느 단어가 맞는지 확인해 보기
· 바람에 문이 (닫히다/ 다치다)
· 팔을 (닫히다 / 다치다)

③ '닫히다'와 '다치다'를 이용해서 문장을 만들어보기

어떤 단어를 골라야 좋을지 모르겠다면 초등학교 1~2학년 국어 교과서를 보시면 됩니다. 교과서에 나온 단어들의 의미부터 정확하게 익히는 것이 가장 좋으니까요. 여유가 된다면 사전을 같이 보면서 하루에 단어 한 개를 같이 찾아보고 뜻을 이해해 보는 것도 방법입니다. 사전은 온라인보다는 종이사전을, 어린이

사전이 아닌 성인들도 보는 일반 사전을 선택하기를 추천합니다. 오래오래 곁에 두고 손때를 누적하는 사전 한 권을 소유한다는 것, 필요할 때마다 사전 속에서 단어를 찾는 습관이 일찍부터 형성된다면 국어 학습에서 이미 유리한 고지를 선점하는 겁니다. 다만, 재미와 흥미를 느낄 수 있는 부담 없는 수준으로 이루어져야 하고, 아이가 너무 싫어할 경우 강요하지 않는 것이 좋습니다.

한글이 어느 정도 익숙해지면 '한자어' 공부를 같이하는 것도 추천합니다. 한자는 한 글자 한 글자가 모두 '뜻'으로 이루어진 '뜻글자'이기 때문에 한자어를 접한 아이들은 처음 보는 단어가 등장하더라도 의미를 파악할 수 있는 능력이 발달합니다. 한자어 사용은 예전보다 줄어들긴 했지만, 아직도 일상생활 속에 흔하게 등장할 뿐 아니라 학습 교재에는 더욱 많이 등장합니다. 주요 교과목에도 많은 용어들이 한자로 되어 있기 때문에 한자를 이해하면 학년이 올라 본격적으로 학습을 시작할 때 많은 도움이 됩니다.

초등 저학년 때는 어렵게 시작할 필요가 없습니다. 자주 쓰는 단어에 등장하는 한자와 한자어의 개념만 자연스럽게 익히게 해도 됩니다. 예를 들어 다음처럼 말이죠.

① 학교(學校)의 한자 의미가 무엇인지 설명하기

② '학(學)'이 사용된 단어 찾아보기

예) 수학, 과학, 학생, 학습 등

③ 직접 써보면서 익히고, 이 단어를 이용해서 문장 만들기

예) 나는 오늘 數學(수학) 學院(학원)에 다녀왔다.

다만, 이때 주의할 것이 있습니다. 지금 한자를 배우는 목표는 정확하게 외우기 위해서가 아닙니다. 일상생활 및 학업에서 사용되는 어휘가 어떤 식으로 형성되는지만 이해하고, 그 어휘에 친숙해지기만 하면 됩니다. 그러니 완벽하게 외우게 하거나 틀리지 않고 정확하게 쓰는 것에 초점을 두실 필요가 없습니다. 초등 저학년 학생들은 삐뚤빼뚤 그냥 한번 재미있게 써보는 것에만 의미를 두세요.

저는 개인적으로 한자(글자)를 하나하나 익히기보다는 '한자어(단어)'를 통해 자주 사용되는 어휘의 의미를 더 살펴보게 하거나 '한문(문장)'을 통해 한자와 한자어를 습득하게 하는 것을 추천합니다. 익힌 글자가 실제로 단어와 문장에서 어떻게 활용이 되는지 문맥상 의미는 어떠한지를 자연스럽게 익힐 수 있기 때문입니다. 이 부분은 학년별 공부 방법이 끝난 이후 '한자 공부편'에서 다시 자세히 다루겠습니다.

일상생활 및 학습에 필요한 국어 능력을 갖춘다

초등 3~4학년부터는 본격적으로 학습이 시작됩니다. 어려운 용어들도 등장하기 시작하며, 학습적으로 놓치지 말아야 할 개념들이 하나씩 나오기 시작하죠. 특히 4학년 때는 학습 난이도가 크게 오르기 때문에 3학년을 잘 보내야 4학년 때 무리 없이 잘 따라갈 수 있게 됩니다.

3학년부터는 다른 그 무엇보다 교과서의 내용을 잘 이해하는 것을 우선으로 해야합니다. 용어도 어렵고 본문의 길이도 길어지므로 이 내용들을 잘 이해하고 있는지 확인하는 과정이 필요합니다. 이때 교과서의 내용을 잘 이해하려면 참고서 활용을 추천합니다. 어떤 출판사든 상관없지만, 문제 위주의 교재보다는 교과서 본문의 내용을 충분히 설명하고 있는 교재를 선택하는 것이 좋습니다. ※ 추천 문제집: 『EBS 만점왕』, 『우공비 초등 국어』

참고서 활용 공부 방법

무엇보다 교과서를 충분히 이해하도록 지도합니다. 이후 참고서의 한 쪽을 읽고 난 뒤 제대로 이해했는지 질문하고, 문제도 풀게 하세요. 이때 모르는 단어는 사전을 찾아 공부하면 좋습니다.

① 본문 내용 이해하기

한 쪽씩 공부 ⇨ 한 쪽씩 문제 풀기 ⇨ 한 쪽씩 채점 ⇨ 틀린 문제는 해설지 보고 공부하기(왜 틀렸는지 이유 정확히 파악하기)

문제를 푸는 이유는 본문을 잘 이해했는지 확인하기 위함입니다. 본문 바로 아래에 이어지는 문제들은 '기본 내용을 파악했는지' 알아보는 문제기 때문에 그리 어렵지 않습니다. 한 페이지씩 꼼꼼하게 내용을 이해하고 문제를 통해 다시 한번 이해도를 확인하는 것입니다. 틀린 문제는 해설을 읽고, 본문의 내용도 다시 확인하며 어떤 점을 잘못 생각했는지 반드시 점검해야 합니다. 한 번에 문제를 쭉 풀게 되면 놓치는 부분이 있을 수 있으니, 꼭 한 페이지씩 꼼꼼하게 학습하고 바로 문제 풀이까지 진행하는 방식으로 공부해 보길 바랍니다.

② [단원 확인 평가]는 시험 치르듯 보기

대부분의 참고서들은 한 단원이 끝나면 '단원 확인 평가' 문제가 나옵니다. 이 문제는 한 단원의 내용을 잘 이해했는지 최종적으로 확인하는 테스트로 활용하시면 됩니다. 쭉 풀어보고 틀린 문제, 풀면서 혼동되었던 문제가 무엇인지 확인합니다. 틀린 문제는 해설을 이해하는 것은 물론이고, 본문 내용도 다시 한번 확인하며 꼼꼼하게 복습하는 것이 좋습니다.

③ 사전 활용하기

본문에 나온 어려운 단어는 사전을 찾아보고 단어의 뜻을 정확하게 이해하는 것이 좋습니다. 사전을 통해 모르는 단어나 뜻이 대강은 이해되지만 확실하지 않은 단어들, 혹은 알아도 정확하게 알았는지 점검하는 습관을 들이다 보면 문장과 글에 대한 이해도가 높아집니다.

또, 사전을 보면 자음과 모음의 조합이 어떻게 구성되며 어떤 순서로 사전에 기록되는지를 알게 되어 언어에 대한 체계가 더 정교하게 잡힙니다.

3~4학년의 공부 방법은 결국 '교과 내용의 완전한 이해'에 초점을 둔다는 것이 핵심입니다. 많은 양을 빠르게 학습하기보다 딱 제 학년 진도만 따라갈 수 있게 하는 것이 충분하며, 천천히 꼼꼼하게 진행하는 것이 좋습니다. 참고서는 현재 학교에서 다루는 교과서의 내용을 충실하게 담고 있는지만 확인하시면 됩니다. 교과서의 내용을 잘 이해하기 위한 도구로써 활용하되 아이가 제 학년 진도를 따라가는 것을 어려워한다면 더 천천히 진행

하거나 너무 어려운 부분은 일단 지나가고, 방학 등을 이용해 다시 복습하는 것도 좋은 방법입니다.

학습적인 지식과 역량을 갖춘다

초등 5~6학년부터는 본격적으로 학습적인 지식과 역량을 갖추어야 합니다. 더불어 일상생활에서 자신의 의견을 잘 표현하는 것은 물론 상대의 입장을 이해하고 함께 의견을 조정하는 방법도 배워야 하죠. 밖으로 드러나지 않거나 생략된 내용도 추론할 줄 알고, 생각하는 힘도 키워야 하는 때입니다. 이 모든 과정이 원활하게 진행되려면 이전에 다양한 지식을 습득했어야 하고 그것이 머릿속에 차곡차곡 정리되어 있어야 합니다.

책이나 다른 활동을 통해 습득한 지식도 좋지만 교과목을 통해 습득한 지식이 있어야 하죠. 국어, 영어, 수학, 사회, 과학 등 각 주요 과목 교과서에는 세상을 이해하기 위해 꼭 필요한 다양한 지식이 체계적으로 잘 정리되어 있습니다. 국어 교과서에도 다양한 지식이 담겨 있는데 이 내용을 차근차근 잘 이해하는 것이 좋습니다.

교과서로 공부하는 방식은 3~4학년 과정과 동일하며, 교과 내용을 잘 설명하는 참고서로 공부하면 됩니다. 여기에 다음 한 개의 과정만 더 추가해 주시면 좋겠습니다.

④ 제시문과 문제를 구분해서 사전 활용하기

사전 활용을 더 적극적으로 해주시길 바랍니다. 3~4학년까지는 본문에서 이해하기 어려운 단어 정도만 찾아서 공부했다면 5학년부터는 문제에 있는 단어도 혼동되는 단어는 모두 찾은 다음 학습하길 추천합니다. 본문에 수록되어 있는 단어와, 문제나 선지에 적혀 있는 단어는 같은 단어라도 그 의미가 다를 수 있습니다.

본문(제시문)에 나오는 단어들은 '문맥적 의미'를 중시하는 단어들이 많습니다. 정확한 사전적인 의미를 파악하는 것이 아니라 전체적으로 읽어나가며 문맥적으로 이해해야 합니다. 반면, 문제와 선지에 있는 단어는 정확한 의미를 요구하는 사전적이고 지시적인 의미가 강합니다. 그래서 같은 단어라도 본문과 문제에 나오는 단어의 의미는 다르게 해석될 수 있습니다. 사전을 통해 학습하다 보면 단어의 문맥적인 의미를 이해하는 능력과 정확한 의미를 파악하는 능력이 동시에 향상됩니다. 이는 많은 부모님들께서 중요하게 생각하시는 '문해력'을 높일 수 있는 가장 확실하고 좋은 방법이기도 합니다.

또한 혼동되는 맞춤법에 대해서도 잘 정리할 수 있게 됩니다.

사전을 보면서 정확한 의미를 자주 접하게 되다 보니 우리말을 정확하게 사용할 수 있게 되는 것이죠. 문해력만 높아지는 것이 아니라 국어 실력까지 좋아지니 일석이조입니다.

학생들의 질문을 들으면 학생의 수준이 파악될 때가 많습니다. 국어 실력이 부족한 학생들은 순수하게 '단어' 뜻을 묻는 질문을 많이 합니다. "선생님, 이게 무슨 뜻이에요?"라는 질문이 가장 많죠. 고등학교 학생들 중에서도 단어 뜻을 물어보는 학생들이 참 많습니다. 사전을 찾는 방법을 모르는 것은 물론이고, 온라인 사전으로 뜻을 찾고도 어떻게 적용해야 좋을지를 몰라 포기하는 경우도 많습니다. 국어를 잘하는 학생들은 단어의 뜻을 묻는 일이 거의 없습니다. 묻더라도 자신이 이해한 수준을 확인하기 위해 묻는 경우가 많고, 문맥상 이해가 가지 않아 문장에서의 쓰임이 맞는지, 글 전체적으로 볼 때 다른 의미가 있는 것은 아닌지 등 좀 더 큰 개념에서의 의미를 묻습니다.

우리의 문법 체계는 '음운(모음, 자음)⇨단어⇨문장⇨글'로 이루어져 있습니다. '단어' 수준에 해당하는 질문은 학생 스스로 해결하는 힘을 길러주어야 그 이상의 단계로 나아갈 수 있습니다.

사전은 앞에서도 추천했듯 어린이 사전보다는 일반 사전을 구매하세요. 참고로 제가 즐겨보는 사전은 『동아 새국어사전』입니다. 설명이 어렵지 않고 자세하게 적혀 있어 성인이 된 이후에도 두고두고 볼 수 있는, 활용도가 높은 사전입니다. 낱말을 이용한 놀이도 하고 모르는 단어는 같이 찾아보기도 하면서, 거실에 두고 가족 모두 손때를 묻히며 보는 것도 좋겠습니다.

• • •

한자, 어떻게 공부해야 할까?

앞서 학년별 국어 학습 방법을 설명하며 한자와 한자어 공부를 추천했습니다. 지금부터는 그 이유는 무엇인지, 어떻게 공부하면 좋을지에 대해 구체적으로 설명하겠습니다.

한자 공부의 이유

한자 공부를 추천한 이유는 간단합니다. 실제로 사용되는 생활 언어에 한자가 많이 사용되며, 교과 과정에서 배우는 개념어도 대부분 한자어로 이루어져 있기 때문입니다.

초등 3~4학년에서 배우는 과학 교과서의 목차를 보면 다음과 같습니다.

(1) 물질(物質)의 성질(性質)

(2) 자석(磁石)의 이용(利用)

(3) 동물(動物)의 생활(生活)

(4) 지표(地表)의 변화(變化)

(5) 식물(植物)의 생활(生活)

(6) 지층(地層)과 화석(化石)

(7) 물질(物質)의 상태(狀態)

조사와 같은 문법적인 부분을 제외하면 거의 모든 단어가 한자로 이루어진 것을 확인할 수 있습니다. 한자어에 대한 지식이 있으면 개념의 뜻을 더 명확하게 이해할 수 있게 되죠. 제가 국어선생님이니 수능 국어와 연결해서 설명하자면, 수능 국어는 실제 수능 제시문(p.176 참고)에 한글과 한자어가 같이 수록됩니다. 개념이 혼동될 때 한자어를 알고 있으면 정확하고 빠르게 이해할 수 있죠. 뿐만 아니라 수능에는 아예 한자어의 의미를 묻는 문제도 등장합니다. 그렇기에 한자와 한자어 공부는 주요 과목 공부에 직접적인 도움이 됩니다.

'한자'가 아닌 '한문'을 추천하는 이유

한자 공부를 말하면, 학습지나 급수시험에 대한 이야기가 많이 나옵니다. 무엇을 선택하든 학생이 효과를 보고 잘하고 있다

2022 수능 국어 제시문

(가)

춘일(春日)이지지(遲遲)하여 뻐꾸기가 보채거늘
동린(東隣)에 쟁기 얻고 서사(西舍)에 호미 얻고
집 안에 들어가 씨앗을 마련하니
㉠ 올벼 씨 한 말은 반 넘게 쥐 먹었고
기장 피 조 팥은 서너 되 부쳤거늘
한아(寒餓)한 식구 이리하여 어이 살리

(중략)

베틀 북도 쓸데없어 빈 벽에 남겨 두고
㉡ 솥 시루 버려두니 붉은 빛이 다 되었다
세시 삭망 명절 제사는 무엇으로 해 올리며
원근 친척 내빈왕객(來賓往客)은 어이하여 접대할꼬
㉢ 이 얼굴 지녀 있어 어려운 일 하고 많다
이 원수 궁귀(窮鬼)를 어이하여 여의려뇨
술에 후량을 갖추고 이름 불러 전송하여
길한 날 좋은 때에 사방으로 가라 하니
웅얼웅얼 불평하며 원노(怨怒)하여 이른 말이
어려서나 늙어서나 희로우락(喜怒憂樂)을 너와 함께하여   [A]
죽거나 살거나 여읠 줄이 없었거늘
어디 가 뉘 말 듣고 가라 하여 이르느뇨
우는 듯 꾸짖는 듯 온가지로 협박커늘

[A]

2022 수능 국어 문제

9. 문맥상 ⓐ~ⓔ와 바꾸어 쓰기에 가장 적절한 것은?

① ⓐ : 소지(所持)하여야

② ⓑ : 포착(捕捉)한다

③ ⓒ : 귀결(歸結)되어도

④ ⓓ : 간주(看做)하면

⑤ ⓔ : 결성(結成)되지

면 상관없습니다. 한자 학습지를 본 적이 있는데 쉽고 재미있게 잘 나와 있고, 부수도 따로 정리되어 있어서 좋았습니다. 또 목표와 동기가 확실해야 하는 학생들에게는 급수시험에 도전하게 하는 것도 좋은 방법이 될 수 있습니다.

하지만 저는 '한자'보다는 '한문'을 공부하기를 권합니다. 제가 학생들에게 원하는 것은 '한자' 그 자체가 아니라 학업에 도움이 되는 수준까지 이해하는 정도이기 때문입니다. 언어는 '상징'과 '유추'의 과정을 통해 습득하는 것이 기본입니다. 사전적인 의미를 아무리 알아도 문맥상의 내용을 이해하지 못하면 전혀 다른 해석을 하게 됩니다. 예를 들어 '어머니의 눈물'이라는 시가 있다고 한다면, 여기에서 '눈물'의 의미는 무엇일까요? 사전에서 찾아보면 '눈알 바깥면에 있는 눈물샘에서 나오는 분비물'인데요. 시에서 이런 의미로 사용하려던 건 아닐 겁니다. 시의 제목이 '어머니의 눈알 바깥면의 위에 있는 눈물샘에서 나오는 분비물'이라는 의미라면 너무 이상하죠. 이 시에서 말하는 '눈물'이란 '어머니의 사랑, 희생, 포용'에 가까울 것이라 생각하는 것이 제대로 된 해석일 겁니다. 문학뿐만 아니라 신문에 자주 등장하는 '악어의 눈물' 역시 마찬가지입니다. 문맥상 의미를 파악해야 하는데 단어의 뜻만 외우면 문장에서 어떻게 활용하고 사용하는지 이해를 못 할 수 있습니다.

'글자'만 익히면 쉽게 잊을 수 있으며 실제 공부에 활용되지 않을 가능성이 높습니다. 단어를 외우는 이유는 문장과 글을 잘 이해하기 위해서인데 한자만 외운다면 마치 단어만 외우다가 끝나는 꼴입니다. 그런 이유에서 저는 문장을 통해 한자와 한자어 공부를 해나가길 권합니다. 한 글자씩 한자를 쪼개서 보기보다는 문장에서 어떻게 쓰이고 어떻게 해석되는지 폭넓게 배우는 것이 좋습니다. 한문이라고 하면 어려울 것 같아 거부감을 느끼실 수도 있습니다. 하지만 막상 해보면 그렇지도 않습니다. 오히려 복잡하지 않고 단순하고 쉽게 익힐 수 있습니다. 집에서도 충분히 할 수 있습니다.

사자소학과 명심보감

'사자소학(四字小學)'은 4개의 글자로 이루어진 짧은 문장입니다. 옛날 선조들이 서당에서 공부할 때 처음 배우던 교재입니다. 지금으로 따지면 유치원생이나 초등 저학년생들을 대상으로 한 것이기 때문에 내용도 단순하고 양도 많지 않습니다. 교재는 각자 보기 편한 것으로 선택하면 되니 학습 만화도 괜찮습니다.

사자소학은 특별한 2가지 장점이 있습니다.

1) 실제로 한자어가 어떻게 문장에서 활용되는지 배울 수 있다.

2) 같은 글자가 반복적으로 등장한다.

억지로 외우지 않아도 반복되어 나오는 글자들을 자연스럽게 외울 수 있으며, 배울수록 쉽게 이해할 수 있습니다. 교재를 따라가다 보면 자연스럽게 공부가 쌓입니다. 게다가 우리가 꼭 알아야 하는 생활규범과 관련된 것을 다루고 있어 내용까지 좋습니다.

한자 공부를 하려는 목적이 대입을 잘 치르기 위해 어휘나 문장의 의미를 잘 이해하기 위함이라면 이 정도면 충분합니다. 여기서 조금 더 욕심을 낸다면 '명심보감(明心寶鑑)'을 보세요. 명심보감은 교훈이 될 만한 옛 성현들의 금언(金言)과 명구(名句)를 모아놓은 책으로 옛 선조들이 어린이들의 인격수양을 위해 활용한 한문 교양서입니다. 조선시대 때 사자소학을 학습한 이후 이어서 배우던 교재로 어렵지 않게 학습할 수 있습니다.

여러 번 반복해서 읽으며 완전히 내 것으로 만드는 시간을 갖는다면 더할 나위 없이 좋겠습니다. 아마 이렇게 공부한 학생들은 학년이 올라갈수록 같은 내용을 배워도 받아들이는 속도와 이해의 깊이가 다를 겁니다.

사자소학을 읽힐 때 주의할 사항도 있습니다. 달달 암기하는 방식은 피해야 합니다. 이 방식은 학습자를 무기력하게 만들고,

능동적인 사고를 막습니다. 또 한자 공부 자체가 싫어질 수도 있고요. 핵심은 '이해'와 '활용'입니다. 각 글자가 어떻게 활용되는지 문장을 해석하면서 자연스럽게 학습하도록 하세요.

사자소학 읽는 법

1단계: 하루 한 문장씩 읽고 해석해 보세요.

2단계: 한 문장씩 따라 써보세요.

3단계: 자신이 쓴 문장을 보며 다시 해석해 봅니다.

4단계: 부담스럽지 않은 분량을 정하고 앞 단계를 반복합니다.

여기에서 문장을 직접 써보라고 말하는 이유는 좀 더 구체적으로 기억하기 위함입니다. 달달 외우는 암기와는 다른 개념이니 혼동하시면 안 됩니다. 이렇듯 문장을 통해 기억하고 이해하다 보면 문장 속에서 핵심어를 파악하는 능력과 처음 보는 단어의 뜻을 유추하여 이해까지 이어지는 일련의 과정들이 능숙해집니다. 어떤 문장을 만나더라도 스스로 해석까지 어렵지 않게 해나갈 수 있게 됩니다. 이 과정은 언제 시작해도 상관없습니다. 아이가 싫어하지만 않는다면 조금씩 천천히 진행해 보시길 바랍니다. 6학년 졸업 전까지 사자소학과 명심보감 이 두 권만 제대로 이해할 수 있게 되어도 훌륭합니다.

제가 무언가를 처음 배울 때 가장 중요하다고 생각하는 것은 다음의 2가지입니다.

1) 재미있어야 하고
2) 쌓여야 한다

뭐든 재미가 있으려면 부담이 되지 않을 적절한 양과 어렵지 않은 방식으로 시작되어야 합니다. 그리고 쌓이는 공부가 이뤄진다면 성취감을 얻을 수 있고 재미를 느낄 수 있게 됩니다. 이 두 과정이 반복되면서 선순환 구조가 되는 것이 베스트입니다. 어렸을 때부터 난이도 높은 교재로 남들보다 더 많은 양을 공부해야 한다고 생각하시는 분들이 아직도 많습니다. 거기에 대해 어떤 것이 옳고 그르다고 말씀드리고 싶지는 않습니다. 세상에 정답은 없으니까요. 하지만 초등 학부모님들께 지면을 빌려 말씀드리고 싶은 것이 있습니다.

여유를 가지세요. 어려울수록 마음의 여유와 체력의 여유가 있고 없고의 차이는 정말 큽니다. 대입까지 정말 길고 긴 싸움입니다. 처음부터 무리해서 달리다가 정작 중요한 시기에 나가떨어지는 일이 없어야 합니다. 한자 공부를 추천하면서도 혹여나

제가 알려드린 공부 방법이 아이들을 지치게 하는 제3의 도구로 활용되지 않을까 염려가 됩니다. 초등 공부에서 무엇보다 중요한 건 '부담이 되지 않는 범위'에서 '즐겁게 공부하는 것'입니다. 딱 그 정도의 목표만 가지고 학습하여 도전해 보시길 바랍니다.

$$\bullet \bullet \bullet$$

국어사전, 어떻게 활용할까?

국어사전을 추천하는 이유는 무척 많지만 그중에서도 가장 중요한 3가지 이유는 다음과 같습니다.

첫째, 단어의 정확한 뜻을 배울 수 있습니다. 공부할 때 모르는 단어가 나오면 바로바로 사전을 찾아 그 뜻을 확인해 보세요. 문장과 글을 이해하는 능력이 배가 됩니다. 때로는 아는 단어도 사전을 찾아 그 뜻을 살피면 새롭게 알게 되는 것이 생깁니다. '이 단어가 이런 뜻으로도 쓰이는구나' 하고 다양한 쓰임을 익히게 되죠. 예를 들어 '생각'이라는 단어는 누구나 알지만 정확한 뜻을 찾아보면 매우 다양한 의미로 사용되고 있음을 알 수 있습니다. '올바로 판단'한다는 의미도 있지만 '기억'이라는 의미로도 쓰이고, '관심' 대신 사용할 수도 있으며 어떤 대상에게 '정성'을 기울이는 의미로도 사용됩니다.

특히 사전을 살피다 보면 일상에서 잘 사용하지 않지만 학술적으로 통용되는 단어와 문장을 자연스럽게 배울 수 있습니다. 이런 언어에 익숙해지면 이후 시험에 등장하는 지문을 이해하는 것이 수월해집니다. 지문에서는 학술적 언어를 사용하는 경우가 대부분이기 때문이죠. 무엇보다 사전을 통하면 오류 없는 양질의 문장과 단어를 많이 접할 수 있어, 표준어의 이해가 부족한 요즘 학생들에게 올바른 언어 체계를 확립시키는 데 큰 도움이 됩니다.

둘째, 인접어휘를 익힐 수 있습니다. 단지 단어만 찾아보는 것이 아니라 이 의미를 보다 정확하게 이해하기 위해 사전에 담긴 문장을 읽다 보면 인접어휘를 접하게 됩니다. 다의어, 동음이의어 등 유사한 뜻과 발음을 지닌 단어들도 추가로 알게 됩니다. 그래서 사전을 활용하는 것은 어휘 실력을 향상시키는 가장 좋은 방법 중 하나입니다. 종합적인 언어 능력은 단어, 문장, 글 순서대로 향상되는데, 가장 기초인 단어부터 잘 쌓아 올리면 문장과 글을 이해하는 능력에 큰 도움이 됩니다. 또 사전은 매우 체계적인 방식으로 구성되어 있습니다. 그렇기에 이런 체계를 지속적으로 접하면 글이나 문장을 정리하는 방식까지도 자연스럽게 학습할 수 있습니다.

셋째, 책과 글자에 대한 두려움이 없어집니다. 실제로 고등학교 국어 문법 과정에는 '사전 찾기'와 '사전의 정보'를 묻는 부분이 있습니다. 알면 무척 쉬운 문제인데 어떻게 손대야 할지 몰라서 쩔쩔 매는 학생들을 보니 안타까운 마음이 들었습니다. 학습을 위해 직접 사전을 주고 단어의 의미를 찾게 해보면 사전에서 자음과 모음 체계가 어떤 순서로 되어 있는지, 단어 옆에 쓰인 숫자나 기호의 의미는 무엇인지를 몰라 사전을 옆에 두고도 활용하지 못하는 학생들도 허다했습니다. 동음이의어[같은 소리 다른 뜻(예: 먹는 배, 타는 배)]와 다의어[두 가지 이상의 뜻을 가진 단어(예: 책상 다리, 사람 다리)]를 구분하지 못해 모르는 단어를 힘들게 찾고도 정작 엉뚱한 뜻을 써놓는 경우도 있었습니다.

사전에서 단어를 찾는 방법조차 모른다는 건 새로운 지식을 학습할 때 많은 불편함을 감수해야 한다는 것인데, 정작 학생들은 뭐가 불편한지도 모르는 것 같았습니다. 사전을 찾는 방식을 정확하게 알고, 이것이 습관이 되면 글자와 책에 대한 두려움이 없어집니다. 모를 때는 사전을 찾아보면 된다는 생각을 하게 되면 어떤 글도 책도 두렵지 않습니다.

사전은 책 중의 책입니다. 양질의 지식들이 갈고닦여져 차곡차곡 쌓여 있습니다. 이 지식들을 자연스럽게 배우고 학습하다 보면 어려운 글이 주어져도 수월하게 읽힙니다. 또 다양한 정보가 습득되면 자연스럽게 카테고리화시킬 수 있습니다. 머릿속에 정보가 필요할 때마다 꺼내 쓰기 좋은 든든한 지식창고를 만들 수 있죠. 그밖에도 사전을 잘 활용하는 사람들은 새로운 지식과 정보를 받아들이는 것에 두려움이 없어 시간이 흐를수록 더 많은 정보와 지식을 쌓게 됩니다.

국어사전 100% 활용법

어릴 적 저는 부모님께 사전 한 권을 받았습니다. 그 사전은 어른이 된 지금까지도 유용하게 사용하고 있습니다. 어떤 과목을 공부하더라도 사전이 옆에 있으면 이상하게 마음이 안정됨을 느낄 수 있었죠. '모르면 찾아보면서 하지 뭐' 이런 생각을 하는 것만으로도 어려운 공부가 한결 수월해집니다.

사전은 어떻게 단어가 정리되어 있고 분류되어 있는지를 자연스럽게 학습할 수 있는 도구입니다. 또 인접단어도 함께 학습할 수 있어 어휘의 체계가 자연스럽게 확장되는 경험도 하게 됩니다. 이런 이유에서, 급한 것이 아니라면 인터넷보다는 종이사전을 꼭 활용하도록 지도해 주시면 좋겠습니다. 어린아이들에게는 손을 이용해서 직접 단어를 찾아보고, 그 과정에서 또 많은 어휘를 습득할 수 있는 기회가 충분히 주어져야 합니다.

초등 저학년(1~3학년)까지는 놀이처럼 접해 사전과 친해지는 활동이면 충분합니다. 하루 1~2가지 단어 정도를 찾으며 아이와 함께 사전으로 놀아주세요. 본격적인 학습이 시작되는 4학년부터는 학습을 하면서 모르는 단어가 등장할 때마다 사전을 펼치게 해주세요. 이것이 습관으로 자리하도록 지속적으로 독려해주시면 좋겠습니다. 한자 공부를 병행하고 있다면 한자의 의미 역시 사전을 통해 살펴보며 정확한 뜻을 이해하고 넘어가는 것이 큰 도움이 될 겁니다.

5~6학년부터는 제시문과 선지의 뜻을 나누고, 구분하여 살피는 것이 좋습니다. 앞에서도 이야기했지만 제시문(본문)에 등장하는 단어의 뜻은 '문맥적' 의미에서 해석되는 경우가 많지만, 선지(문제)에 쓰이는 단어는 '사전적' 의미를 정확히 파악해야 답을 찾을 수 있습니다. 사전을 활용해 이 차이를 계속 구분하다 보면, 상황에 맞게 단어를 이해하고 활용하는 능력을 키울 수 있습니다.

사전은 누구에게나 필요하다

고등학생들을 지도하다 보면 '단어' 위주의 질문만 반복하는 학생들이 의외로 정말 많습니다. 처음에는 신기했죠. '단어를 하나도 모르는데 지금까지 어떻게 공부했던 걸까? 궁금하지도 않았나?'라는 생각을 했던 적도 있습니다. 답은 곧 찾을 수 있었습니다. 현재 대부분의 고등학생들은 자기 손으로 사전을 들춰본

적이 거의 없습니다. 이 학생들에게는 급한 건 검색으로 해결하며 그때그때 대충 눈으로 훑고 넘어가는 것이 일상입니다. 사전을 손으로 짚어가며 모르는 단어를 알아가는 과정을 경험해 보지 못한 학생들은 단어를 깊게 이해하지 못합니다.

학교에도 주어지는 과중한 학습량도 벅찬데 종이사전을 계속 들추라고 권하는 것은 아닙니다. 그렇지만 필요할 때는 인터넷 사전을 쓰더라도 애초에 종이사전을 활용할 수 있는 학생과, 오로지 인터넷 사전만 쓸 줄 아는 학생 이 둘을 비교해 보면, 어휘 체계부터 국어를 이해하는 능력에서 큰 차이가 있는 것은 어쩔 수 없습니다. 초등학생 시절에 사전을 많이 접하고 활용해 본 학생들은 고등학생이 되어 문제를 풀 때, 적어도 '단어 뜻'에 걸려서 다음으로 넘어가지 못하는 안타까운 상황을 경험하진 않습니다.

단지 공부만이 아닙니다. 저는 문서작업이나 새로운 지식, 정보를 정리하는 속도가 무척 빠른 편입니다. 저와 함께 일하는 동료들은 제 속도를 따라오지 못하는 경우가 많죠. 그 이유에 대해서 곰곰이 생각해 본 적이 있는데 이 역시도 사전을 많이 활용한 덕분이라는 생각이 들었습니다. 새로운 정보나 지식을 체계적으로 정리하고 분류하는 데 있어 사전만큼 효율적인 방식도 없기 때문입니다.

우리는 정보가 홍수처럼 흘러넘치는 시대에 살고 있습니다. 정보 그 자체보다 양질의 정보를 구분할 수 있는 능력이 더욱 중요하게 평가받는 지금입니다. 넘치도록 많은 정보 속에서 우리에게 도움이 되는 양질의 정보를 뽑아낼 수 있는 자질의 핵심은 문장과 글을 해석하는 능력에 있습니다. 정확하게 읽어내고, 판단할 수 있는 힘이 필요한 때입니다. 이러한 힘을 키우는 데 있어 '사전 찾기'보다 좋은 훈련 방법은 없다고 생각합니다.

영어,
어떻게 공부해야 할까?

• • •

영어 만점의 가치

대입에서 영어가 차지하는 비중이 점차 축소되고 있습니다. 하지만 10여 년 전까지만 해도 세계화 시대가 열린다는 명분으로 토익이나 텝스 같은 영어 공인 인증점수와 영어 에세이 등을 결합한 대입 전형이 존재했습니다. 이 전형을 활용하면 말 그대로 영어만 잘해도 대학에 들어갈 가능성이 높았던 시기였죠. 하지만 지금, 그때 그 전형들은 거의 다 사라졌으며 저는 앞으로도 부활할 가능성이 거의 없다고 생각합니다. 왜 그럴까요?

가장 큰 원인은 대입의 공정성을 저해하기 때문입니다. 사실 영어 공인 인증점수의 대상은 고등학생이 아닌 성인입니다. 즉 학생이 이 점수를 획득하려면 고등학교 교과 과정을 넘어서는 수준의 공부를 '추가'로 해야 한다는 뜻입니다. 이 공부는 공교육의 틀 안에서 다룰 수 없는 범위인 만큼 사교육이 필수적이었습니다. 학부모가 이를 뒷받침해 줄 능력이 없다면 당연히 물리적, 시간적, 심리적 부담이 가중될 수밖에 없는 전형이었습니다.

또 이러한 전형들은 오로지 '영어'만 잘하면 되기에 부작용이 따랐습니다. 따지고 보면 토익이나 텝스 등의 영어시험에서 높은 점수를 받는 일은 국어나 수학시험을 잘 보는 것처럼 어렵지 않습니다. 높은 점수를 받기 위해 필요한 것은 아이의 피나는 노력이 아니라 양질의 교육이기 때문입니다. 자녀를 영미권 국가의 고급 사립학교에 유학을 보내거나 따로 좋은 과외선생님을 붙여준다면 수능을 준비하는 일보다 훨씬 쉽게 명문대에 입학시키는 일이 가능했다는 말입니다. 모두가 알지만 이대로 실행하려면 학부모가 지식이 있어야 했고, 재력도 갖춰야만 했기에 아무나 쉽게 접근할 수 있는 방법은 아니었습니다. 이러한 이유로 본 전형은 공정성에 대한 논란을 지속적으로 불러 일으켰기에 지금은 거의 다 사라지고 없습니다. 아예 학교 생활기록부에 영어 공인 인증점수를 적는 것 자체가 금지되었죠.

또한 영어가 다른 주요 과목에 비해 부모의 지식이나 재력에 의존하는 경향이 크다는 공감대가 형성되면서 수능시험에서도 절대평가로 바뀌었습니다. 분명 영어만으로 대학을 수월하게 가던 때가 있었는데, 지금은 주요 과목 중 가장 낮은 비중을 차지하고 있습니다. 실제로 현재 사교육 시장에서 대입 영어가 차지하는 비중 역시 가장 낮습니다.

현재 대입은 정시, 즉 수능으로 대학에 가는 전형과 수시로 대학에 가는 전형으로 나뉩니다. 수시 전형에서 가장 중요한 것은 학교 시험 점수(=내신)인데, 여기에서 영어는 절대평가가 아닙니다. 내신에서는 영어가 여전히 많은 비중을 차지하고 있어 아예 손을 놓고 있어서는 좋은 대학에 들어가기 힘듭니다. 과거에 비해 비중이 낮아졌다는 거지, 존재가 사라진 것은 아니니까요. 그리고 영어가 수능에서 절대평가라고 하지만 90점 이상은 받아야 1등급이고, 1등급은 받아두어야 상위권 대학에 도전해 볼 수 있습니다. 때문에 영어 공부는 반드시 해야 합니다. 다만 대입을 성공적으로 치른다는 관점으로 생각해 봤을 때 과도하게 할 필요는 없다는 말입니다.

대치동이나 목동, 분당과 같은 일부 지역에는 영어를 잘하는 학생들이 워낙 많아서 기본만 해서는 내신을 잘 받을 수 없습니다. 그래서 이러한 지역에서는 초중등 시기에 영어 공부를 많이 시켜야 한다는 주장도 나옵니다. 하지만 입시를 잘 살펴보면 교육열이 높은 지역이라 할지라도 영어를 이토록 과도하게 시킬 이유가 없습니다. 이 지역은 내신보다는 수능이 대학 가기에 더 유리하며, 실제 많은 학생들이 정시에서 높은 등급을 받아 서울 상위권 대학 또는 의대에 진학하고 있기 때문입니다.

2021 서울대 신입 학생 최종 선발결과 분석

	수도권	5대 광역시	기타 도지역
정시 수능중심전형	587(78.4%)	74(9.9%)	88(11.7%)
수시 학생부종합전형	1322(55.8%)	494(18.15%)	74(9.14%)
계	589(72.72%)	147(18.15%)	74(9.14%)
고등학생 수 (2020)	64만 9401 (48.6%)	26만1871 (19.6%)	42만6040 (31.9%)
정시 고등학생 수 비례	+29.8%p	-9.7%p	-20.2%p

※출처: 강민정 의원실

제시된 표를 보면 서울대를 정시로 합격한 학생들의 약 80%가 수도권에서 배출된 것을 확인할 수 있습니다. 분당에 위치한 고등학교 중에서는 서울대 입학 결과를 확인했을 때 정시(수능)

합격자가 100%인 곳도 있었습니다. 즉 수시(내신)로는 한 명도 못 보냈다는 겁니다. 대치동, 분당, 목동 같은 학구열 높은 몇몇 지역은 아무래도 내신보다는 정시가 유리합니다. 잘하는 학생들의 경쟁지이다 보니 미국 유학 5~6년을 다녀오고도 내신으로는 영어 1등급을 받기 어려운 곳이니까요. 이 지역들의 경우 한 학년에 모의고사 1등급이 100명 이상씩 나오는 학교들이 많습니다. 한 학년에 300명이라고 보면 4%인 12등까지가 1등급인데, 모의고사 1등급이 100명 이상이니 이들끼리 치열한 경쟁을 하게 되는 것입니다. 따라서 이곳의 학생들은 대입 전략을 내신보다는 '수능'에 맞추고 준비해 나가는 것이 좋은 방법일 수 있습니다.

정리하자면 영어는 수능에서 1등급은 받아야 대입에서 손해를 보지 않습니다. 게다가 내신 역시 챙겨야 하니 분명 제대로 학습해야 하는 과목이 맞습니다. 대부분 지역에서는 수능 위주로 영어를 학습하면 내신 성적까지 동시에 잡을 수 있습니다. 반면 대치동이나 분당, 목동 같은 학구열 높은 지역은 수능 대비만으로 내신 성적을 잡기가 어려우니 오히려 수능에 초점을 맞춰 공부하는 것이 더 좋은 대입 전략이 될 수 있습니다. 내신과 수능, 두 마리 토끼를 다 잡으려고 한다면 오히려 모두 놓치게 되는 불상사가 발생할 수 있기 때문입니다. 결국 어떤 지역이든 결국에는 수능 영어에 초점을 맞추고 학습하는 것이 가장 효율적인 대입 전략입니다. 영어는 상위 대학을 목표로 할 경우 효율적인 시간과 자원의 배분이 굉장히 중요한 과목입니다. 과도한 집착은 버리고 자신의 목표에 더 가까이 다가설 수 있는 전략으로 준비하시면 좋겠습니다.

• • •
영어 공부의 목적은 분명해야 한다

공부는 정확한 목표 설정에서부터 시작됩니다. 영어는 특히 더 그렇습니다. 목표가 무엇인지에 따라 해야 할 공부가 달라지기 때문입니다.

1부에서도 언급했지만 요즘엔 누구나 영어를 쉽게 배울 수 있습니다. 인터넷 검색이 자유롭고 번역기의 정확도도 날이 갈수록 높아지고 있습니다. 말 그대로 '언어'로부터 자유로워졌고, 대신 '가치'에 중심을 두는 시대가 오고 있습니다. 영어도 자신의 가치를 표현하기 위한 도구일 뿐입니다. 물론 약간의 영어 실력을 갖추면 더 정확하고 고급스럽게 생각을 표현하고 말할 수 있을 겁니다. 다시 말해 저는 영어 공부를 하지 말라는 것이 아닙니다. 과도하게 할 필요가 없다는 말을 하고 있을 뿐이죠.

영어 공부의 목적은 크게 2가지로 갈립니다. 영어를 모국어처럼 하는 것, 그리고 대입입니다. 영어를 원어민처럼 구사하는 것이 목표라면 국내에서 고군분투하기보다는 조기유학을 떠나는 것이 가장 바람직합니다. 좀 더 현실적인 대안으로는 원어민이 상주하는 어학원에 보내 많은 시간 동안 외국인과 소통하도록 하는 것이 있죠. 하지만 이러한 방식으로 습득한 영어는 훗날 대입에 큰 도움이 되진 않습니다.

대입에 필요한 영어는 듣기, 읽기, 쓰기, 말하기 영역 중 '듣기와 읽기'입니다. 말하기와 쓰기는 입시에서 중점적으로 요구하는 영역은 아닙니다. 오직 목표를 대입에 두고 있다면 모든 것을 완벽하게 하지 않아도 됩니다. 대신 '영어 공부의 목표=대입'이라면 영어 교과공부를 제대로 하세요. 배움의 순서, 즉 우선순위를 잘 정하시길 바랍니다.

초등학교부터 고등학교까지 수많은 영어 교과서가 있고, 교과서에는 해당 학년이 갖춰야 할 기본 지식이 전부 담겨 있습니다. 수능 시험도 교과서를 기반으로 출제됩니다. 따라서 영어 공부는 먼저 교과서의 내용을 자기 것으로 만든 다음, 모의테스트 등을 통해 자신의 현 수준을 계속해서 점검해 가며 그때그때 필요한 참고서를 활용해 완성하는 것이 가장 중요합니다. 그리고 영어는 다른 과목과 달리 약간의 선행이 도움되는 과목이기도 합니다. 영어의 경우 무조건 현행만을 강조하지는 않습니다. 이에 대해서는 뒤에서 자세히 설명하겠습니다.

저는 영어 전문가는 아니기에 학문 혹은 생활 언어로서의 영어의 본질을 이야기할 수는 없지만 대입 영어라면 가능합니다. 제가 운영하는 학원은 단순히 한 과목만을 가르치는 것이 아니라 대학 원서까지 써주는 곳이기 때문입니다. 입시 지도를 하려면 학생의 과목별 상황을 정확하게 알아야 하는데, 제게는 그렇게 쌓아온 수많은 학생들의 데이터가 있습니다. 어떻게 공부해야 하고, 얼마만큼의 결과를 얻어야 대입에 유리해지는지 누구보다 잘 알고 있습니다.

또 시간을 절약하고 빠르게 점수를 올리기 위해 직접 수능 영어를 지도하는 일도 종종 있습니다. 목표 점수가 100점이 아닌 1등급이기에 가능한 일이죠. 제 간단한 관리 지도만으로도 학생들은 1등급을 문제없이 받아 옵니다. 또한 저희 학원에서는 대입 논술 지도도 하는데, 일부 대학에서는 영어 지문이 나옵니다. 그리고 그 영어 지문은 보통 수능보다 약간 어려운 정도의 어휘와 논리구조로 구성되어 있습니다. 수업에서 그 정도는 무리 없이 독해하며 수업을 진행해 나가고 있기에 대입 영어에 대해 잘 이해하고 있습니다. 국내 영어 교육 과정에서 주안점을 두는 것은 일상적인 부분도 문학적인 부분도 아닌, 영어로 된 여러 교과서를 읽고 학술적인 내용을 이해하는 데 있습니다. 대입 영어를 준비하는 학생들이 이 점을 절대 놓치지 않기를 바랍니다.

• • •
외국어보다 중요한 한국어의 가치

제가 있는 지역은 학구열이 높고 우수한 학생이 많습니다. 그런데 이 학생들을 보다 보면 신기한 점이 발견됩니다. 수능 영어는 1~2등급을 받으면서 나머지 과목은 3등급 아래를 밑도는 학생들이 많다는 사실인데, 한두 명이 아닙니다. 이상하지 않나요? 어쨌든 수능에서 한 과목이라도 2등급 이상을 받았다면 기본적인 공부머리가 있다는 건데, 왜 다른 과목에서는 맥을 못 추는 걸까요?

이들의 가장 큰 문제는 잘못된 공부 방식에서 오는 결함이 반복적으로 쌓이고 있다는 겁니다. 또 초등학교 입학 전부터 영어유치원 등을 통해 영어 교육을 과도하게 받았거나 해외에 오래 체류한 경험 때문에 해당 학년에 했어야 할 다른 교과과목의 기초를 다지지 못한 경우도 많습니다. 영어에 많이 노출시킨 것이 문제가 아니라 과도하게 시킨 것이 문제입니다. 한국어가 우선이 되고 중심이 되는 가운데 스트레스 받지 않는 수준으로만 영어에 노출되었다면 아마 다른 교과목 성적에서도 문제가 없었을 것입니다.

대개 이 아이들은 한국어를 제대로 습득하지 못한 상태에서 영어만 집중적으로 접했기 때문에 언어 체계의 기초가 꼬여버린 경우가 많습니다. 시험을 잘 보려면 먼저 문제를 잘 읽고 출제자의 의도를 정확히 파악해야 하는데, 그게 잘 안 됩니다. 그래서 학습량은 많지만 성적은 잘 나오지 않는 것입니다. 그렇다면 영어라도 탁월해야 하는데 막상 보면 그렇지도 않습니다. 이 학생이 평가받는 시험지에는 한글이 포함되어 있습니다. 영어로 된 지문은 무리 없이 해석하는데, 한글로 쓰인 문제의 의도는 잘 파악하지 못합니다. 순간적으로 자신의 생각에 빠져 잘못된 답을 고르는 거죠.

현대 사회에 살아남은 언어들은 각기 다른 특성에도 불구하고 문법 구조에서만큼은 어느 정도 보편성을 가지고 있습니다. 그래서 '언어학'이라는 학문도 있는 겁니다. 보통 모국어를 습득할 때 많은 시행착오를 거치며 이 보편적인 구조를 자연스럽게 습득하게 되고, 이 구조를 기초로 유추와 상징 등을 거치며 논리적인 사고를 하게 됩니다.

　어릴 적, 이 보편적인 언어 구조를 충분히 갖추지 못하면 흔히들 말하는 '문해력'이 엉망이 되고 맙니다. 물론 아이가 재능이 뛰어나 한국어를 유창하게 하는 상태에서 외국어도 받아들인다면 가장 좋을 겁니다. 이런 경우라면 두 언어를 비교 분석하면서 능동적으로 사고관이 확장될 수 있을 테니까요. 하지만 대부분의 평범한 학생들은 어느 한쪽을 제대로 이해하는 것에 충분한 시간과 노력을 쏟아야 합니다. 그렇다면 우선 모국어부터 충분히 익힐 수 있도록 하는 것이 장차 대입을 성공적으로 이끄는 데 가장 큰 도움이 될 것입니다.

● ● ●
영어 선행, 어디까지 해야 할까?

　공식적으로 영어 교육은 3학년 이후부터 시작됩니다. 하지만 지역과 학군에 따라 국립학교임에도 비공식적인 방식으로 1학년부터 시작하는 경우도 제법 있습니다. 교과서 내용만 놓고 보면 초등학교나 중학교 수준은 굉장히 쉽습니다. 그러다가 고등학교 교과서부터 어휘나 문법 구조의 난이도가 쑥 올라갑니다. 이러한 상황들을 고려해 입시를 중심으로 청사진을 그려보면 영어

과목에서 어느 정도의 선행은 필요하다는 결론에 다다릅니다.

영어는 언어이다 보니 어휘 수준이나 문장의 구성 능력이 시간이 갈수록 쌓이게 되어 있습니다. 먼저 시작한 아이들이 더 많이 쌓일 수밖에 없는 구조입니다. 이들을 따라잡으려면 더 많이, 더 오래 공부해야 하는데 그동안 그 아이들은 공부를 안 할까요? 격차가 계속해서 벌어질 수밖에 없습니다. 다른 과목에 쏟아야 할 시간까지 빼서 영어에 쓸 수는 없는 노릇이고요. 또 어릴수록 언어에 대한 두려움이 적어 더 쉽게 받아들입니다. 이런 점에서 봤을 때 영어만큼은 적절한 선행이 필요하다고 봅니다.

하지만 제 말을 듣고 영어 단어를 달달 외우게 하거나 학원에 보내는 불상사는 일어나지 않길 바랍니다. 학습적으로 영어를 접근시키면 득보다 실이 더 많습니다. 그보다 초등 시기에는 노출을 자주 시켜주는 것이 더 효과적입니다. 영어를 본격적으로 공부해야 할 때 아이가 너무 낯설게 느끼지 않도록, 즐겁게 경험할 수 있는 환경을 조성해 주세요. 구체적인 방법은 지금부터 설명하겠습니다.

초등 저학년 영어 공부법

지금까지 내내 교과서 공부의 중요성을 강조했습니다. 대입에 성공하려면 대부분의 과목에서 교과서 공부가 기본이 되어야 한다는 생각은 여전합니다. 하지만 영어만큼은 교과서로 학습을 시작하는 것을 추천하지 않습니다.

초등학교 영어는 3학년부터 학습이 시작됩니다. 다른 과목과 달리 국정교과서가 아닌 검정교과서로, 출판사 4곳에서 5종의 교과서를 출간하고 있죠. 이 중 일부 교과서에는 영어를 처음 접하는 학생이 소화하기에 어려운 내용이 포함되어 있습니다. 예를 들면 알파벳이 등장하긴 하지만 설명이 많지 않고, 바로 단어와 짧은 문장을 익히는 것으로 넘어가는 식이죠. 3학년이 되어서 처음 영어를 접한 학생이라면 이런 수업이 엄청난 부담으로 다가갈 수 있습니다. 그래서 1~2학년 시기에 영어를 접하고 익힐 수 있도록 기초적인 학습을 해두시면 좋습니다.

놀이로 즐겁게 접하기

1~2학년 때는 다음 3가지만 신경을 써주세요.

1) 영어 환경에 노출시키기
2) 알파벳 익히기
3) 간단한 단어나 문장은 읽고 말할 수 있게하기

영어는 언어입니다. 수학이나 사회, 과학 같은 공부와 달리 실제 생활에서 말하고 듣는 언어이기 때문에 그 시작을 조금 다르게 하는 것이 좋습니다. 즐겁게 놀이로 접할 수 있도록 도와주는 겁니다. 영어판 디즈니 만화나 ABC 노래처럼 아이가 흥미를 보일만한 영상을 자주 틀어놓고 함께 따라 부르며 영어로 즐겁게 놀 수 있는 시간을 만들어주세요. 그리고 아이가 한글을 제대로 읽기 시작하고 우리말에 대한 충분한 이해가 생겼다 판단되면, 그때부터는 알파벳과 간단한 단어, 문장 정도는 읽고 말할 수 있도록 가르쳐주는 것이 좋습니다.

제 딸은 영화 「겨울왕국」의 '사랑은 열린 문(Love is an open door)'이라는 노래를 무척 좋아해서 함께 부르면서 달달 외웠던 경험이 있습니다. 가사의 의미까지는 정확하게 알지 못했지만 아이가 워낙 좋아하는 노래이기에 영어 가사를 쓰고 읽는 연습도 즐겁게 했습니다. 좋아하는 멜로디에 영어를 얹어 부르면서 외우고 나니 영어에서 느끼는 낯섦이 사라졌고, 다른 단어를 받아들이는 속도도 빨라졌습니다. 이렇게 아이가 좋아하는 것을 활용해 함께 보고 듣고 쓰고 읽어보는 경험은 영어와 친해지는 데 큰 도움을 줍니다. 그러니 늦어도 2학년 여름까지는 영어에 자주 노출되는 환경을 조성하며 즐겁게 영어를 활용해 노는 것에 초점을 맞추시길 바랍니다.

저학년 영어는 이렇게②
온라인 디지털 교재 활용하기

초등학교 2학년 여름이 지난 시점이 되면 대부분의 아이들은 우리말과 글에 충분히 익숙해집니다. 이때 본격적으로 영어 학습을 시작해도 좋습니다.

제가 추천하는 학습 교재 및 사이트는 〈e학습터〉나 〈디지털교과서〉입니다.

e학습터

　e학습터에서 해당 지역으로 들어간 뒤 사이트의 상단 카테고리 '자율학습⇨학년별 학습영상'으로 들어갑니다. 그 다음 해당 학년, 과목을 선택합니다. 지금 필요한 것은 영어 과목이니 '초등학교⇨3학년⇨1학기⇨영어'로 들어가 보겠습니다.

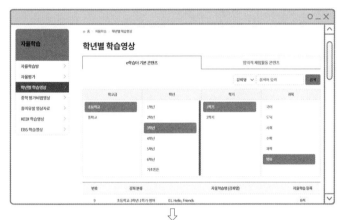

※출처: e학습터

총 9개의 목록을 클릭해 들어가 보면 일러스트로 된 재미있는 영상이 나옵니다. 각 영상은 최대 5분을 넘지 않아 저학년 아이가 보기에도 크게 부담이 되지 않을 겁니다. 영상을 보며 등장인물의 억양 그대로 살려서 따라 읽어도 보고 써보기도 하며 단어와 짧은 문장, 말하기에 조금씩 익숙해지도록 하면 됩니다. 영어를 학습으로 대하기보다는 재미와 흥미를 가질 수 있도록 이끌어주는 것이 포인트입니다. 이 과정을 잘 지켜나가면 3학년에 올라가 영어를 접하는 데 큰 어려움은 없을 것입니다.

디지털 교과서

디지털 교과서 역시 아이들이 무척 즐겁게 익힐 수 있는 좋은 교재입니다. 해당 학년의 내용만 열람 가능하며, 한 학기 정도의 선행이나 학교 진도를 복습할 때는 정보를 수정한 뒤 활용하면 유용하게 공부할 수 있습니다. 검색창에 디지털 교과서를 검색하거나 위의 QR코드를 타고 들어가 로그인하시면 됩니다.

디지털 교과서 항목으로 들어가면 미리 설정해 둔 해당 학교와 학년의 교재가 뜹니다. 그중에서 원하는 교과서를 클릭하면 화면 가득 책이 펼쳐집니다. 각 콘텐츠마다 누르기 버튼이 있는

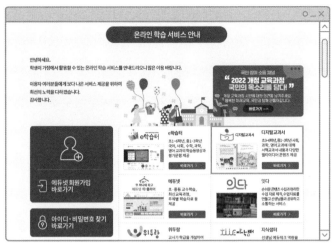

데, 이를 누르면 해당 교과에 대한 애니메이션 영상이 등장합니다. 캐릭터들이 생동감 있게 움직이며 대화하는 장면을 통해 내용을 쉽게 이해할 수 있습니다.

영상을 통해 '자막'을 볼 수도 있고, 교과 내용의 이해를 돕는 '노래'도 따라 부를 수 있습니다. '녹음' 기능도 있어 내 발음이 어떻게 들리는지 스스로 확인해 볼 수도 있습니다. 교과서나 콘텐츠의 목차를 한눈에 볼 수 있고, 펜이나 키보드로 빈칸을 채우는 등 다양한 기능이 제공되니 하나씩 클릭하며 사용법을 익혀 보시길 바랍니다. 디지털 교과서는 무척 공들여 만든 교재입니다. 하루에 꾸준히 20~30분씩 활용한다면 교과의 내용을 이해하고 영어와 친해지는 데 많은 도움을 받을 수 있습니다.

들기와 말하기는 영어를 쉽고 빠르게 배울 수 있는 가장 좋은 방법 중 하나이며, 언어적인 감각을 유지하려면 지속적인 훈련이 필요합니다. 디지털 교과서를 통해 이러한 훈련을 충분히 할 수 있으니 꼭 활용해 보시길 추천합니다.

저학년 영어는 이렇게③
단어장 만들기

3학년이 되면 영어 교과서 학습이 시작되는데, 가장 먼저 교과서를 꼼꼼하게 정독하는 것이 좋습니다. 교과서에서 다루는 내용이 충분히 이해가 되었을 때부터는 가능한 만큼 진도를 나가면 됩니다. 저학년 시기에는 많은 양의 단어를 주입식으로 외우는 것보다 적은 단어라도 확실하게 기억하도록 하는 것이 가장 좋습니다. 2학년까지 이미 한 차례 영어를 접했고 친해진 상태라면 교과서 공부가 크게 어렵지는 않을 겁니다.

저학년 학생이 영어를 시작할 때는 단어장을 만들어보는 것을 추천합니다. 교과서를 읽다가 모르는 단어가 나오면 노트를 펼치고 큰 글씨로 왼쪽에는 영어 단어, 오른쪽에는 한국어 뜻을 적어 자신만의 영단어 노트를 만드는 거죠. 이렇게 적은 단어는 보고 또 보며 외우도록 합니다. 영어 단어는 반복해 읽지 않으면 절반 이상이 기억에서 사라질 수밖에 없습니다. 그래서 영어는 복습이 중요한 과목이라고 말합니다. 단어장에 옮겨 적고 다시 읽으며 기억을 상기시키는 과정을 통해 머릿속에 단어가 계속 머물게 하세요. 단어의 의미를 오래 기억할 수 있을 뿐만 아니라 자연스럽게 복습하는 습관까지 만들 수 있습니다. 학년이 바뀌어도 단어장 작성은 멈추지 마시고 계속 누적해서 쓰는 것을 권장합니다. 교과서를 덮을 때 결국 아이에게 남는 것은 단어장일 테니까요.

그리고 항상 교과서 진도를 나가기 전에는 이전에 적어두었던 단어를 쭉 살펴본 뒤 다음 파트를 시작할 수 있도록 지도합니다. 또 한 단원이 끝나는 날에는 단어장에 적힌 단어들을 제대로 기억하고 있는지 스스로 테스트해 보는 것도 좋은 방법입니다. 이때 틀린 문제는 표시해 놓아야 합니다. 언제든 다시 확인할 수 있도록 말이죠.

지금까지 이야기한 것들을 정리해 보겠습니다.

1) 단어장을 위한 얇은 노트 준비하기

2) 모르는 단어 적기(왼쪽: 영단어, 오른쪽: 단어 뜻)

3) 쓰면서 외우기

4) 다음 진도 나가기 전, 지금까지 외운 단어 다시 암기하기

5) 스스로 테스트해 보고 기억 못 했던 것은 표시해서 다시 암기

※ 노트 한 권이 끝날 때까지 위의 과정 반복하기

영어 교과서로 이 과정을 거치게 되면 진도를 빨리 나가지는 못합니다. 하지만 아이의 공부습관을 길러줄 초석이 되며, 단어장이 한 권씩 완성될 때마다 그에 따른 성취감을 느낄 수 있습니다. 그러니 처음에는 얇은 노트를 사용하는 것이 좋습니다. 내 손으로 만든 노트가 여러 권 차곡차곡 쌓여갈 때마다 뿌듯함을 느끼게 되고, 복습하는 과정에서 단어를 확실하게 기억하게 됩니다.

• • •

초등 고학년 영어 공부법

고학년의 공부 방식도 저학년과 동일합니다. 선행의 개념으로 디지털 교과서 및 자습서를 활용해 가능한 만큼 꾸준히 사용해 나가면 됩니다. 저학년부터 미리 익히고 올라왔다면 학교 수업을 어렵지 않게 따라갈 수 있습니다. 이 아이들에게는 학교 수업이 복습의 시간이 됩니다. 복습은 매우 중요한 단계니까 더 열심히 듣고 참여해야 함을 일깨워 주세요. 단어장도 잊지 말고 꾸준하게 만들어가도록 지도해야 합니다.

한 가지 다른 것은 이제부터 '독해'를 시작해야 한다는 겁니다. 5~6학년 교과서에는 본격적으로 영어 지문이 등장합니다. 글과 문장의 길이도 전보다 깁니다. 지문을 해석해야 하고, 이를 위해 과거형이나 문장 구조 등 문법의 기초도 배우기 시작하죠. 독해 공부는 교과서의 내용을 충실히 담고 있는 자습서나 평가문제집 등을 활용해도 좋습니다. 단 대입까지 길게 본다면 '듣기'도 놓치지 마세요. 영어 회화 동영상이나 디지털 교재 등을 활용해 꾸준히 듣는 훈련을 해두면 좋습니다.

또 이때 문제 풀이를 시작하는 것이 좋은데, 앞서 소개한 〈e학습터〉에서는 난이도별로 문제가 제공됩니다. 상단 카테고리에서 '자율학습⇨자율평가⇨자율평가지 생성'을 누르면 자신이 풀 문제의 난이도를 체크할 수 있고, 이어서 해당하는 문제가 나옵니

※출처: e학습터

다. 풀이 후 해설까지 잘 나와 있으니 학습에 적극적으로 활용하시길 바랍니다.

다른 과목은 4학년부터 교과 난이도가 급격히 상승하는데, 영어는 중학교까지도 타 과목에 비해 크게 어려워지지 않습니다. 따라서 초등학교까지는 '디지털 교재(디지털 교과서, e학습터)'와 '단어장'을 잘 활용하면서 '교과 과정'을 충실하게 학습해 나가면 됩니다. 여기까지 어렵지 않다고 느낀다면 가능한 만큼 선행을 더 밟아나가도 괜찮습니다.

만약 6학년 2학기까지 모든 교과서를 섭렵했다면, 지금까지 만들어둔 단어장을 반복해서 복습한 뒤 아이가 진학하게 될 중학교 교과서를 미리 구해 선행을 시작하세요. 중학교부터는 문제 형태가 수능에 많이 가까워집니다. 그러니 모르는 단어와 숙어까지 잘 정리해 두는 것이 좋습니다.

대입 공부의 핵심은 여전히 교과서를 중심으로 하는 것이지만 영어만은 조금 다릅니다. 교과서만으로는 수능 준비가 충분하지 못합니다. 그래서 참고서나 문제집 등을 살펴보는 것이 도움이 되는데, 이는 우선 고등 교과서까지 다 섭렵한 뒤에 진행하시면 충분합니다.

지금까지 이야기한 것들을 정리해 보겠습니다.

1) 다음 학기 교과 과정 미리 학습하기

2) 간단한 문법 규칙과 독해에 집중해 학습하기

3) 문제 풀기(e학습터 활용)로 이해 수준 확인하기

4) 모르는 단어와 숙어는 단어장에 정리하기

5) 6학년 2학기까지 공부가 끝나면 단어장 복습하기

6) 진학할 중학교의 교과서로 선행하기

위 과정을 잘 거치면 별다른 사교육 없이도 대입을 위한 영어 실력까지 충분히 끌어올릴 수 있습니다. 추가적으로 알려드리자면 영어는 고등학교부터 난이도가 대폭 상승합니다. 분량이나 범위가 넓어지고 교과서에 등장하는 어휘 수준도 높아집니다. 대부분의 학생들은 '영어가 갑자기 어려워졌다'고 생각할 수밖에 없죠. 그러니 영어에서만큼은 선행이 필요한 것입니다. 중학교 3학년 겨울방학을 활용해 고등학교 영어 교과서 내용을 꼭 미리 살펴두시길 바랍니다. 이렇게 가볍게라도 선행을 하고 고등학교에 진학한 학생들은 좀 더 여유 있는 마음으로 영어를 대하고 공부해 나갈 수 있게 될 겁니다.

초등 영어 학습에 대한 마지막 당부

고학년부터는 국어, 수학, 사회, 과학의 난이도가 급상승합니다. 이때 습득한 지식들은 대입의 향방을 가를 정도로 매우 중요합니다. 그래서 초등 고학년부터는 영어 외의 과목에 많은 시간을 써야 나중에 손해를 보지 않습니다. 하지만 현실은 이와 반대로 흘러갑니다. 초등, 아니 그보다 더 어린 시절부터 영어에 매달립니다. 그러다 보면 많은 것을 놓치게 되는데, 그중 가장 큰 것이 대입 실패입니다.

영어를 단기간에 완성하려고 하지 마세요. '미리 다 끝내놓고 다른 주요 과목에 집중해야지' 하는 생각은 틀렸습니다. 영어 역시 다른 주요 과목과 마찬가지로 대입까지 놓지 말고 지속해야할 과목입니다. 고학년부터는 다른 주요 과목을 균형 있게 공부하도록 신경 쓰고, 영어는 교과서를 중심으로 선행한 뒤에 부족한 부분은 이후 문제집을 통해 보충하시면 됩니다.

영어 학습에서 대입만 생각한다면 결국 직접적으로 갖춰야 할 것은 듣기와 읽기 능력입니다. 초등 시기에 영어 듣기와 읽기 실력을 키우려면 디지털 교과서의 교과 내용 이해와 듣기 공부, 단어장 복습을 습관화하면 됩니다. 한 가지 주의할 점은 한국말로 해석해도 무슨 말인지 전혀 모르겠는 단어가 있다면 굳이 외우지 않고 넘어가도 된다는 겁니다. 이런 단어들은 구태여 단어장에 기록할 필요가 없습니다. 한국말로도 이해하기 어려운 단어는 활용하기도 어렵고, 기억에도 남지 않아 시간만 낭비하게 될 가능성이 높기 때문입니다.

초등학교에서 할 일은 이 정도면 충분합니다. 문법 심화나 영문 소설 읽기 등은 취미로 한다면 막지는 않겠지만 대입을 위한다는 목적이라면 안 하셔도 됩니다. 수능에서 문법은 1~2문제 정도 출제되는 것이 전부이고 문학은 거의 출제되지 않습니다. 특히 문법 공부는 모국어 정립이 완전히 되지 않은 상태에서는 시작하지 않길 바랍니다. 한국어와 영어 모두 제대로 구사하지 못하게 될 불상사가 벌어질 수 있습니다.

영어의 어휘나 구조에 관한 이해가 갖춰진 상태라면 약간의 연습만으로도 말하기 수준을 높일 수 있습니다. 이때 발음은 크게 중요하지 않습니다. 아이의 영어 발음을 교정하려고 무리하실 필요도 없습니다. 정확한 발음이 생명인 아나운서나 특수 직종을 꿈꾸는 것이 아니라면 발음 때문에 고민하지는 않으셔도 괜찮습니다. 정확한 발음 구사보다는 말하고자 하는 내용이 무엇인지가 더 중요합니다. 영어 학습에서 무엇이 가장 중요한지 꼭 한번 생각해 보시길 바랍니다.

수학,
어떻게 공부해야 할까?

●●●

현 대입 수학의 특징

대입을 떠올리면 가장 먼저 생각나는 과목이 무엇인가요? 많은 분들이 '수학'을 떠올리실 겁니다. 가장 큰 벽처럼 느끼기 때문일까요? 지금부터 다시 수능 준비를 하라고 하면 다른 과목은 해볼 수 있을 것 같은데, 수학만큼은 어려워서 힘들 것 같다고들 말합니다.

현재 대입 수능 시험의 주요 공통과목 중에서 유일하게 국어와 수학만 상대평가입니다. 정시(수능 중심 전형)에서 국어와 더

불어 가장 큰 비중을 차지하는 과목 역시 수학입니다. 수학은 지금까지 늘 중요한 과목이었고, 앞으로도 크게 달라질 여지는 없습니다. 수능은 1990년대 초반에 시작된 이후로 학생들의 학습 부담을 개선하고자 계속해서 시험 과목을 줄여 왔는데, 그럼에도 불구하고 국어와 수학만은 굳건히 상대평가로 살아남았죠. 이런 이유에서 국어, 수학을 잘한다는 건 대입에서 매우 유리한 위치를 차지한다는 것을 뜻합니다.

얼마 전 지인을 만나 대화를 하다 깜짝 놀랐습니다. 초등학교 4학년 아이가 매주 6일을 수학학원에 가는데, 한 번 가면 4~5시간씩 공부한다는 겁니다. 학구열이 높은 지역이긴 했지만 아이에게 너무 가혹했습니다. 이 아이뿐만이 아닐 겁니다. 정도의 차이가 있을 뿐이지 대부분의 아이들이 어린 나이부터 학원에서 수학 공부를 시작하고 있습니다. 재밌는 사실은 그럼에도 불구하고 학년이 올라갈수록 '수포자(수학을 포기하는 학생)'가 되는 학생이 늘어난다는 것입니다.

2021년 교육부가 발표한 「한국교육과정평가원 학업성취도 평가 결과」 표를 보면 심각한 상황을 한층 더 실감할 수 있습니다. 2017년도에는 수학 과목에서 보통 학력 이상인 중3의 비율이 68.4%였는데, 2021년도에는 55.6%으로 13%나 떨어졌습니다. 이 말은 곧 수학 현행 교육을 제대로 습득한 학생이 절반밖

교과별 '3수준(보통 학력) 이상' 비율(%)

구분 / 연도	중3			고2		
	국어	수학	영어	국어	수학	영어
'19	82.9 (0.54)	61.3 (0.94)	72.6 (0.82)	77.5 (0.90)	65.5 (1.24)	78.8 (0.98)
'20	75.4 (0.76)	57.7 (1.01)	63.9 (1.1)	69.8 (1.14)	60.8 (1.27)	76.7 (1.07)
'21	74.4 (0.79)	55.6 (1.05)	64.3 (1.01)	64.3 (1.23)	63.1 (1.32)	74.5 (1.17)

※출처: 한국교육과정평가원 '학업성취도 평가 결과'

1. 표집시행으로 인한 모집단 추정치이므로 괄호 안에 표준오차를 제시함(이하 동일)
2. 통계적 유의도는 95% 신뢰구간(표본의 통계치±1.96*표준오차)을 활용함(이하 동일)
3. ▨▨▨는 전년 대비 통계적으로 유의한 차이가 있는 경우를 표시함(이하 동일)

에 되지 않는다는 뜻입니다. 그만큼 많은 학생들이 수학을 어려워하고 피하고 있습니다. 도대체 뭐가 문제이기에 수학이 이렇게 힘든 걸까요? 현재 대입의 수학은 과거와는 조금 다릅니다. 무엇이 달라졌고 또 어떤 전형들이 있는지, 지금부터 알아보겠습니다.

줄어든 시험 범위, 늘어난 문제 길이

수험생의 학습 부담을 이유로 수학의 시험 범위가 점점 줄어들고 있습니다. 그런데 시험 범위가 줄어드는 것이 과연 학생에게 더 도움이 될까요? 이런 의문을 품는 이유는 오히려 문제의 길이가 길어졌고, 난이도는 더 높아졌기 때문입니다. 그리고 예전에는 앞 문제들의 경우 다소 쉬운 것들을 배치해 대부분의 학생들이 풀 수 있도록 했는데, 지금은 그런 문제들이 시간을 많이 써야 풀 수 있는 문제들로 바뀌고 있습니다. 자칫하다가는 시간이 부족해 문제를 못 푸는 일이 발생할 가능성이 높아졌습니다.

선천적 재능보다 후천적 노력파가 유리한 문제 유형

과거에는 '킬러 문항'이라고 불리는 고난이도 문제가 2~3개 정도 출제되었는데, 이 문제는 노력만 가지고 해결하기에는 한계가 있었습니다. 대신 이 문제들을 다 맞추면 대입에서 굉장히 유리한 고지를 선점할 수 있었죠. 공부 잘하는 일부 학생들은 이 문제를 놓치지 않기 위해 매우 열심히 공부했습니다. 하지만 대부분의 학생들은 고3 이후 현실과 타협하면서 입시 전략을 수학 만점을 포기하는 것에 맞췄습니다. 킬러 문항은 넘어가고 맞출 수 있는 문제 위주로 공략하는 전략을 세웠죠. 이 현상은 교육 및 대입의 본질적인 목적에서 벗어난 결과였습니다.

킬러 문항의 또 다른 문제는 현직에 있는 고등 수학 선생님이나 강사들도 제대로 풀지 못하는 경우가 허다했다는 겁니다. 학생들을 제대로 지도할 수 있는 선생님이 많지 않았죠. 이런 부작용 때문에 최근에는 이런 킬러 문항이 사라지고 있습니다. 이제는 제대로 공부만 하면 수능 수학 만점을 노려볼 수 있게 된 것입니다.

변별력을 가르기 위한 수리논술

범위가 줄어들고 킬러 문항이 사라져 후천적 노력으로 성과를 낼 수 있게 된 수능 수학. 이는 수학적 재능을 타고나지 않은 학생들에게는 매우 반가운 소식입니다. 반대로 뛰어난 수학적 재능을 가진 학생들에게는 그다지 좋은 현상은 아니었죠. 변별력이 없어 자신의 능력을 제대로 활용할 기회가 줄어들었기 때문입니다. 대학 입장에서도 이런 학생들을 놓친다는 건 손해입니다. 그래서 이런 학생들을 뽑기 위한 전형을 별도로 준비했습니다.

대표적인 것이 수리논술입니다. 수리논술에 출제되는 문제는 수능 난이도를 훨씬 뛰어넘는 수준으로 구성되어 있어, 국어나 영어 같은 주요 과목 실력이 부족하더라도 수학만으로 서울 소재 명문대 진학이 가능합니다.

학생들이 가장 많이 오해하는 것이 논술이나 면접은 자신의 생각을 쓰고 말하는 자리라고 믿는 겁니다. 대입 논술은 그런 것이 아닙니다. 국어, 영어, 수학, 사회, 과학의 깊은 지식을 물어보는 것이죠. 이를 글로 풀면 논술이고, 말로 하면 면접이 되는 겁니다.

특히 수리논술이라고 하면 수학과 과학에 대한 매우 심도 깊은 문제해결력을 요구합니다. 출제의도 역시 매우 명확합니다.

2021 연세대학교 수리논술 출제의도

고등학교 교과 과정에서 중요하게 다루는 「수학」 과목에서 문제를 출제하였다. 구체적으로 조합에 관한 기본적인 개념 및 원리를 묻는 문제를 출제하였다. 고등학교 수학과에서 다루는 중요한 개념의 확실한 이해를 바탕으로 제시된 조건과 상황을 정확히 분석하여 논리적 사고력과 창의적 문제 해결 능력을 발휘할 수 있는지를 평가한다.

제시된 내용에서 알 수 있듯이 수리논술은 고등 교과 과정의 개념을 확실하게 이해한 후 이를 이용하여 어떻게 문제를 해결하는지를 확인하는 시험입니다. 대학별 논술 문제는 각 학교 입학처 홈페이지에서 무료로 열람할 수 있습니다. 수리논술의 문제를 확인해 보면 서술형 수학 문제와 유사하다는 것을 알 수 있습니다. '내 생각'을 답으로 쓰는 것이 아니라 교과 과정에 대한 이해를 바탕으로 풀어야 하는 문제입니다.

정리하자면 현재 수능 수학에서는 '아주 어려운 문제'와 '아주 쉬운 문제'가 거의 출제되지 않고 있습니다. 대부분 수학적 사고를 활용해 제대로 풀지 않으면 안 되는, 단순한 암기로는 풀 수 없는 문제입니다. 과거 킬러 문항처럼 고난이도 문제가 사라진 대신, 암기로 쉽게 풀 수 있는 문제도 없어져서 꾸준히 성실하게 공부해 온 학생들에게 유리해지고 있습니다. 선천적 재능보다는 후천적 노력을 중시하는 시험이 되고 있죠. 단, 이공계열에서는 문과 과목에 대한 이해가 부족하더라도 수학 또는 과학적 능력이 뛰어난 학생들을 선발하고자 '수리논술' 전형을 진행하고 있습니다. 수능에서 변별하지 못한 학생들을 선발하기 위함이죠. 전반적인 상황을 이해한다면 앞으로 수학 학습 방향의 큰 틀을 짜는 데 도움이 될 거라 생각합니다.

• • •
수학의 본질에 대하여

수학 공부 방법을 설명하기에 앞서 수학이라는 과목의 본질과 잘못된 접근에 대해 알아보고자 합니다. 이를 정확하게 알면 앞으로 수학 공부를 해나감에 있어 혼동이 되거나 선택의 순간이 왔을 때 바른 판단을 할 수 있기 때문입니다. 최대한 쉽게 설명드리고 싶지만, 본질에 관한 이야기이기에 다소 어려운 내용이 포함될 수 있습니다. 하지만 지금부터 설명드리는 내용을 잘 이해하시면 수학이라는 과목의 본질을 꿰뚫게 되는 경험을 하실 수 있기에, 어찌 보면 이 한 페이지가 이번 장의 가장 중요한 부분 이기도 합니다. 최대한 간결하고 쉽게 말씀드릴 예정이니 내용이 좀 어렵더라도 건너뛰지 마시고 읽어주시면 좋겠습니다. 앞으로 하게 될 수많은 선택의 순간마다 꼭 기억하시길 바랍니다.

수학이라는 학문 자체는 형이상학입니다. 실체가 없는 인간의 정신세계와 관념 속에서 이루어지는 학문이라는 말입니다. 숫자 나 도형은 자연계에 존재하는 물질이 아니고 인간이 만든 관념 입니다. 이런 의미로 수학은 철학과도 맥이 닿아 있습니다.

물리나 화학 같은 형이하학과는 본질이 다릅니다. 물리나 화 학은 자연계에 실제로 존재하는 것들을 대상으로 관찰과 실험 을 통해 법칙을 찾아내는 공부입니다. 그러나 수학은 인간이 관 념으로 만든 구조이며 약속의 집합입니다. 때문에 수학은 언제 나 통용되는 진리나 법칙이 아닙니다. 특수한 상황과 조건 아래 적용되는 정의나 정리 같은 인간의 약속들을 익히고 배우는 학 문이죠.

물론 대입을 위한 수학에서 이러한 이론적인 부분을 깊이 묻 지는 않습니다. 하지만 이러한 개념들은 수학이라는 학문의 밑 바탕에 깔려 있는 본질이기 때문에 이를 이해하고 있어야 수학 을 제대로 할 수 있습니다. 수학은 이러한 상황과 약속에 대한 이해, 그리고 제대로 읽을 수 있는 능력이 없으면 좋은 결과를 낼 수 없는 과목이니까요. 이러한 것들을 수학 선생님들은 이런 방식으로 표현합니다.

수학적 사고 · 수학적 이해 · 문제 해결력

이 3가지는 '스스로' '충분한 시간'을 두고 '고민'하면 해결할 수 있는 방식과 틀이 생긴다는 공통점을 가지고 있습니다. 이렇듯 계속 공부를 하다 보면 고난이도 문제를 만나도 자신만의 사고로 해결해 나갈 수 있게 됩니다. 하지만 유형 암기로만 수학을 배우고 접한 학생들은 자기만의 방식이나 스스로 해결한 경험이 없기 때문에, 문제가 조금만 어려워지면 생각이 마비되어 사고가 멈추는 일이 발생하게 되죠.

• • •

많은 학생들이
수학을 포기하는 이유

이해와 암기

어릴 적부터 수학에 많은 시간과 돈을 투자했음에도 학년이 올라갈수록 수포자가 되는 가장 큰 이유는 애초부터 접근이 잘 못되었기 때문입니다. 수학 과목은 개념을 충분히 공부한 뒤에 자기만의 방식으로 이해하는 과정을 거쳐야 합니다. 이후 문제 풀이를 통해 미리 익혀두었던 개념들을 발전시켜 나가야 하죠. 따라서 수학에서는 개념 이해가 최우선이어야 합니다. 개념을 이해하려면 어떤 교재를 봐야 할까요? 당연하게도 '교과서'입니 다. 수학 공부의 시작은 교과서 정독이어야 합니다. 교과서 속 기 초 유형의 문제를 숙지하고 난 이후에 심화 문제들을 풀어보면 서 실력을 향상시키는 겁니다.

즉, 수학 공부는 다음과 같이 진행하시면 됩니다.

1) 똑바로 읽기

2) 읽은 내용 이해하기(수학적 사고)

3) 이해도 확인하기(문제 풀이)

수학 강사들이 학생들을 지도하며 가장 답답해하는 순간이 언 젠지 아십니까? 문제를 읽는 것조차 못하는 경우입니다. 문제를 읽고 거기에서 요구하는 대로만 따라가면 답이 나오는데, 문제 를 이해하질 못하니 답이 나올 리 만무합니다. 대체 왜 그런 걸 까요? 바로 문제에 접근하는 방식이 잘못되었기 때문입니다. 앞서 언급한 수학의 본질을 떠올리시길 바랍니다. 그렇다면 수학을 대할 때 먼저 제대로 읽으려는 노력을 하게 될 테니까요. 제대로 읽어야 올바른 방향으로 사고하고 고민할 수 있게 됩니다.

수학의 본질을 상기하며 옳은 방향으로 수학에 접근하는 학생들은 수학 공부를 시작할 때 가장 먼저 '읽기'를 떠올립니다. 하지만 수포자를 결심하는 학생들의 대부분은 수학 공부를 시작할 때 '문제 풀이'를 떠올립니다. 이들은 '수학은 푸는 것'이라는 생각에 빠져 깊게 이해하기를 포기합니다. 이것이 얼마나 큰 차이인지 아셔야 합니다. 제대로 공부하는 학생들은 개념을 충분히 이해하고 내 것으로 만드는 데 가장 힘을 쏟습니다. 이 개념이 뭔지, 왜 필요한지, 그 원리가 무엇인지 등을 어떻게든 이해한 뒤에야 다음으로 넘어가려고 하죠. 개념을 달달 외운 뒤 바로 문제 풀이로 넘어가는 것만은 피하려고 합니다. 개념을 대충 이해하면 얼마 지나지 않아 다 날아가 버린다는 것을 너무도 잘 알고 있기 때문입니다. 이 학생들이 개념을 이해하기 위해 가장 먼저 하는 일은 해당 학년의 교과서를 정독하는 것이지, 처음부터 개념을 달달 외우고 남들보다 문제를 더 빨리, 더 많이 푸는 데 결코 집중하지 않습니다.

2학년 2학기 수학 교과서에는 구구단의 개념이 등장합니다. 교과서를 보면 알겠지만 구구단 공식부터 외우도록 하지 않고,

곱셈의 개념을 이해시키는 일부터 시작합니다. 내용을 정확하게 읽고 개념을 이해하려는 학생들은 2명씩 타고 있는 놀이기구가 1대씩 늘어날수록 2가 더해진다는 것을 곧 이해하게 됩니다.

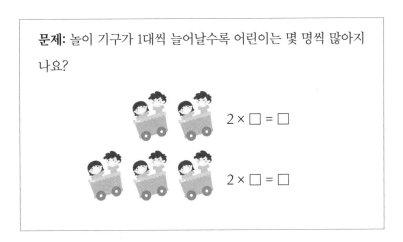

문제: 놀이 기구가 1대씩 늘어날수록 어린이는 몇 명씩 많아지나요?

$2 \times \square = \square$

$2 \times \square = \square$

구구단 공식에 앞서 이와 같은 설명이 들어가는 이유는 구구단에 담긴 의미가 무엇인지 이해시키기 위함입니다. 하지만 수학적인 사고를 하기 싫어하는 학생들은 구구단에 담긴 이유를 생각하지 않고 그냥 전화번호 외우듯이 숫자를 달달 외웁니다. 그리고 시험에서 기억이 나지 않아 문제를 틀립니다. 이때 문제를 틀리는 건 개념을 잘 알지 못해서가 아니라 자신의 실수라고 생각합니다. 그리곤 다시 구구단을 달달 외우기 시작하죠.

수학 공부를 제대로 하려면 구구단을 외우기 전에 곱셈의 원리에 대해 충분히 이해하려는 노력을 기울여야 합니다. '7×8은 7이라는 숫자를 8번 더하면 나오는 수'라는 것을 머릿속으로 그려보며 그 원리를 이해해야 합니다. 그래야만 복잡한 덧셈을 간단하게 해결하기 위해 필요한 것이 곱셈이라는 것을 어렴풋이나마 깨달을 수 있습니다. 이렇게 곱셈을 이해한 학생들은 시험을 볼 때 구구단이 기억나지 않으면 7을 8번 덧셈해서 답을 찾아낼 수 있습니다.

이런 수학적 사고에 익숙해진 학생들은 고등학교 수학에서 지수나 로그 같은 것을 접할 때도 유사한 접근을 시도합니다. 지수나 로그가 구구단처럼 복잡한 수를 간편하게 처리하는 도구임을 깨닫는 거죠. 다시 말해 수학적 경제성 및 효율성에 대한 깊은 이해를 깨우치게 되는 겁니다. 이런 경험이 반복되면 내가 지금 어떤 목적을 가지고 이 문제에 접근해야 하는지를 알게 됩니다. 목적의식을 가진 학생들은 문제 풀이에 개념을 자연스럽게 연결할 수 있게 되지만, 아무런 목적의식 없이 문제 유형만 외우던 학생들은 개념과 문제가 따로 분리된 상태가 되어 공부한 것을 풀이에 연결시키지 못하는 경우가 허다합니다.

무의미한 선행

선행은 선택이 아닌 필수라고 믿는 학부모님이 정말 많습니다. 이들에게 선행이란 단순히 다음 학기, 다음 학년의 공부를 준비하는 것이 아니라 초등학생이 고등 수학을 공부하는 수준입니다. 드문 일이 아니라 실제로 많은 초등학생들이 그렇게 공부하고 있습니다.

몇 해 전만 해도 선행이 의미 있던 때가 있었습니다. 공부 좀한다고 하는 학생들은 전부 다 과학고나 외국어고, 영재고를 준비했었죠. 이때는 성적의 균형보다는 경시대회 수상실적이 중요했고, 수상경력만 있으면 대입까지 탄탄대로를 달렸습니다. 학부모들은 경시대회 수상을 위해 아이를 학원에 보내고 엄청나게 공부시켰습니다. 초등 5~6학년 학생이 학원 특별반에 들어가려고 과외를 했습니다. 그걸 위해 새벽 2~3시까지 공부할 정도였죠. 정상적이지 않다고 생각하시는 분들도 있으시겠지만 그땐 정말로 그랬습니다.

선행학습을 하면 학생도 선생도 편한 부분이 있습니다. 개념을 정확하게 알고 있는지, 그 정도가 어느 정도인지를 계속 점검하는 것은 학생과 선생 모두에게 쉽지 않은 일이기에, 가르치는 입장에서는 이 과정을 건너뛰고 진도를 나가는 것이 더 편합니다. 실제로 학생들은 정확하게 이해하지 못했더라도 어느 정도만 알면 '다 안다'는 착각에 쉽게 빠집니다. 이를 확인하고 인정시키는 과정도 쉽지 않습니다. 그보다는 어느 정도 이해했으면 가볍게 다음 과정으로 넘어가는 것이 양쪽 모두에게 편리한 학습법이죠.

하지만 이러한 방식으로 공부해서는 현재의 입시에서 좋은 등급을 받기 어렵습니다. 말씀드렸듯 아주 어려운 문제들이 줄어든 대신, 유형 암기로 쉽게 풀 수 있는 문제들도 줄어들었기 때문입니다. 수학 문제를 보면 유형에 끼워 맞추는 것이 아니라 '생각'해서 풀어낼 수 있어야 하는데, 이 능력은 '스스로' 치열하게 고민하는 과정 없이는 얻을 수 없습니다. 대충대충 빠르게 진도만 빼면서 '어디'까지 나갔는지가 훈장처럼 되어버리는 학습법으로는 절대로 얻을 수 없는 능력입니다.

맞지 않는 교재

저는 수학학원도 공동으로 운영하고 있어 가끔 수학 상담을 하게 될 때가 있습니다. 고등학생 중 수포자 학생들을 처음 상담할 때 지금까지 풀었던 문제집을 보여달라고 하면 너나 할 것 없이 심화 교재를 탁 꺼냅니다. 현재 점수로 봐서는 이 문제집을 풀 수 없었을 텐데, 본인은 나름대로 할 만했다고 우기는 경우도 있습니다. 풀었던 흔적을 보여달라고 하면 알록달록 예쁘게 적은 노트를 가져오는데, 자세히 들여다보면 기가 막힙니다. 대부분 모범 답안 그대로를 옮겨 적은 경우가 많고, 그나마도 잘못

옮겨 적었는지 말도 안 되게 쓰여 있습니다.

"여기서 갑자기 이렇게 푼 이유가 뭐야?" 하고 물으면 당연히 대답하지 못하죠. 이 어려운 교재를 수차례 반복했다면서 가장 쉬운 문제만 골라서 다시 풀게 하면 단 한 문제도 제대로 풀지를 못합니다. 이 일이 한두 명에게 일어나는 문제라면 그냥 넘어갈 수도 있겠지만, 너무 많은 학생들에게 일어나고 있기에 가르치는 입장에서 화도 나고 속도 상합니다.

어려운 교재의 심화 문제를 많이 풀면 풀수록 이해도가 높아질 거라고 착각하는 경우가 있습니다. 하지만 아무리 훌륭한 강사가 세상 최고의 풀이식으로 설명을 해준다 한들, 받아들이는 학생이 스스로 소화해 내지 못하면 기억에 남지 않습니다. 자신의 수준에 맞지 않는 교재를 선택할 때 생기는 문제는 정말 많습니다. 책을 펼치면 손도 댈 수 없는 문제들이 쏟아지기 때문에 생각과 고민을 멈추고 '풀이식'에만 의존하게 되죠. 또한 어려운 교재를 본다는 허영심에 사로잡히게 됩니다. 어렵지만 어떻게든 풀어야 하니 해답지를 펼쳐 들고 외우고 있습니다.

이후 수준에 맞는 교재로 바꿔준다고 말해도 심화교재를 반드시 봐야 한다는 생각에 사로잡혀 받아들이지 않습니다. 수준을 낮춰 소화 가능한 교재부터 차근차근 공부해 나가면 충분히 잘할 수 있는 학생인데 '선행'과 '심화'에만 빠진 채 벗어나지 못하고 악순환을 반복하게 됩니다.

결국 수학을 포기하는 이유는 크게 3가지가 있습니다.

1) 잘못된 공부 방법(이해보다 암기)

2) 과도한 선행

3) 맞지 않는 교재

이러한 과정들이 초등학교부터 꾸준히 반복되고 쌓이면, 중학교까지는 어떻게 버티면서 결과를 냈지만 고등학교에 와서는 무너집니다. 초등학교 과정에서 지금 설명한 수포자로 가는 지름길인 3가지만 기억하세요. 이와 반대로만 하면 수학을 포기하지 않을 수 있습니다. 당장 점수야 못마땅할 수 있지만 고등학교에 진학한 이후에는 누구보다 잘하게 될 겁니다.

• • •

수학적 사고의 틀 만들기

수학적 사고의 틀을 갖추는 일은 어렵지 않습니다. 시작 단계에서 올바른 접근법으로 다가간다면 학생들 대다수가 할 수 있습니다. 특히 아직 습관조차 완전하게 형성되지 않은 초등학생이라면 더 좋습니다. 중요하니 한 번 더 언급하겠습니다. 수학적 사고의 틀을 형성하는 데 꼭 필요한 3가지입니다.

1) 아이에게 맞는 진도
2) 아이의 수준에 맞는 교재
3) 암기가 아닌 이해

수학 선행은 신중하게 진행해야 합니다. 그 과정에서 자칫 수학적 사고의 틀을 해칠 수 있기 때문이죠. 아이가 수학에 뛰어난 자질을 보이고, 학부모가 봤을 때도 현행 과정을 확실하게 소화하고 있다는 판단이 들면 선행을 하는 것이 전혀 문제되지 않습니다. 그러나 현행에 대한 성취도가 부족한 상황이라면 선행은 독이 됩니다.

교과서의 체계상 수많은 초등 수학 문제는 중학교나 고등학교에서 배우는 공식 및 개념을 미리 배워 활용하면 별다른 사고를 하지 않고도 손쉽게 풀 수 있습니다. 하지만 이것은 '요령'에 가깝지, 수학적 실력을 높이는 데는 전혀 도움이 되지 않습니다. 아이 스스로 머리를 써가며 수학 풀이에 대해 고민하는 시간은 앞으로 공부를 해나가는 데도 큰 힘이 되는 무척 귀한 과정입니다. 그런데 선행으로 요령을 먼저 터득하게 되면 아이는 더 이상 수학적 고민을 할 필요가 없어지기 때문에, 사고의 틀이 발전하지 못한 채 멈추고 맙니다.

선행에 앞서 반드시 제 학년 교과 내용을 충실히 공부하는 것이 좋습니다. 다시 말하자면 어떤 교재를 활용하더라도 그에 앞서 수학 교과서를 먼저 제대로 공부하게 하세요. 시중에 나온 학습서와 달리 수학 교과서에는 그림도 설명도 많습니다. 그 그림과 설명이 지금 이 단원을 공부하는 목적과 실제 적용되는 모습 등을 잘 알려주고 있죠. 그래서 교과서만 제대로 정독해도 내가 무엇을 위해 지금 이 수식들을 익혀야 하는지를 깨닫게 되고, 이 수식들이 어떤 상황에서 쓰이는 약속인지에 대한 개념을 잡아나갈 수 있습니다.

제1교재: 교과서

교과서에는 보통 단원마다 앞부분에 삽화나 설명이 많이 나오는데, 이 부분을 천천히 정독한 다음 본격적인 공부를 시작해야 합니다. 해당 단원의 끝까지 읽고 문제를 푼 뒤, 다시 맨 앞으로 돌아가 삽화와 설명을 읽고 복습하며 그 의미를 다시 되새겨보는 시간을 가지길 바랍니다. 수학을 언어로 접하게 되면 처음에는 의미가 와닿지 않아 어려워하는데, 이때 문제를 풀면 개념이 명확해집니다. 교과서의 문제 풀이는 딱 이 정도로 개념의 이해를 위해서만 활용하세요. 지금 단계에서는 틀린 문제를 다시 풀고 해답을 보는 활동은 큰 의미 없습니다. 문제 풀이는 개념 이해를 돕고 나아가는 정도로만 활용하시길 바랍니다.

개념에 집중하며 공부한다는 것은 많은 시간을 필요로 합니다. 그래서 쉬운 강의를 찾아 듣게 하거나 빠른 길을 찾아주고 싶은 마음이 들 수 있습니다. 하지만 빠르게 완성한 것은 빠르게 사라진다는 것을 명심하시길 바랍니다. 좀 더디더라도 아직은 시간이 있습니다. 차근차근 이해하며 쌓아 올린 개념들은 아이의 기억 속에 오래 남을 뿐 아니라 훗날 중고등학교에서 나올 연관 개념을 익힐 때 스스로 그 개념들을 연결 지을 수 있게 만들어, 수학 공부를 지속해 나갈 강력한 원동력이 되어줄 겁니다.

제2교재: 아이 수준에 맞는 문제집

교과서로 익힌 개념을 충분히 이해했는지 확인하고 연습하는 훈련을 위해 별도의 문제집을 함께 푸는 것이 좋습니다. 단, 문제집을 선택할 때 주의사항이 있습니다. 내 아이의 수준에 맞는지 확인하셔야 한다는 겁니다. 문제집은 각각의 난이도가 있어 수준에 맞게 선택할 수 있습니다. 아이가 버거워서 문제의 절반도 못 맞추는 일은 없도록 하셔야 합니다. 공부한 뒤 문제를 풀었는데 자꾸만 틀리는 경험을 한다면 지식을 확인할 길도 없으니 자

수학 문제집 난이도표

교재	1단계 기본	2단계 응용	3단계 심화	4단계 경시
천재교육	개념 클릭 해법 수학	유형 해결의 법칙	응용 심화 수학 리더	최강 TOT
	개념 해결의 법칙	응용 해결의 법칙	응용 심화 수학 리더	최강 TOT
	개념 수학 리더	기본 응용 수학 리더	최고 수준 수학	올림피아드
	기본 수학 리더	닥터 유형 수학 리더	최고 수준 수학	올림피아드
	우등생	수학의 힘 베타	수학의 힘 감마	올림피아드
비상	초등 완자	개념+유형 파워	개념+유형 최상위 탑	-
	개념+유형 라이트	개념+유형 파워	개념+유형 최상위 탑	-
EBS	만점왕	만점왕 수학플러스	수학의 자신감	-
에듀왕	원리 왕수학	포인트 왕수학 실력	점프 왕수학	응용 왕수학
	포인트 왕수학 기본	포인트 왕수학 실력	점프 왕수학	올림피아드 왕수학
씨매스	개념이 쉬워지는 생각수학	유형이 편해지는 생각수학	생각수학 1031 최상급	-
동아출판	백점 수학	큐브 수학 S실력	큐브 수학 S심화	-
	큐브 수학 S개념	큐브 수학 S실력	큐브 수학 S심화	-
디딤돌	디딤돌 원리	디딤돌 응용	최상위S	최상위 사고력
	디딤돌 원리	디딤돌 유형	최상위S	최상위 사고력
	디딤돌 기본	디딤돌 기본 응용	최상위	최상위 사고력
	디딤돌 기본	디딤돌 기본 유형	최상위	최상위 사고력
신사고	우공비	라이트쎈	최상위쎈	-
	개념쎈	베이직쎈	최상위쎈	-

※ 더 자세한 난이도 분류는 각 출판사 홈페이지에 들어가면 확인이 가능합니다.

연스레 수학을 싫어하게 됩니다. 남들이 좋다고 추천하는 것보다 중요한 것은 '내 아이에게 꼭 맞는 교재'입니다. 교과서 정독 후에 아이가 60~70% 정도는 풀 수 있는 문제로 구성된 것을 선택하세요. 인터넷을 검색해 보면 각 전문 학원에서 제시하는 수학문제집 난이도표를 쉽게 구할 수 있으니 참고하면 좋습니다.

모두에게 적용되는 문제 풀이 전략

교과서 공부를 마쳤고 수준에 맞는 문제집이 준비되었다면 이제 문제를 풀 시간입니다. 문제를 풀 때는 가급적 생략하는 과정이 없도록 하고, 단정한 글씨로 줄 맞춰 쓸 수 있게 지도해 주는 것이 좋습니다. 이 말은 모범 답안을 내듯 신경 써서 풀게 하라는 것이 아닙니다. 생각이 전개되는 과정을 정리하는 훈련을 해 보라는 겁니다.

사실 수학을 잘하는 학생들은 문제 풀이 과정을 꼼꼼하게 써 가며 풀지는 않습니다. 이들은 머릿속으로 풀면서 생각을 정리하다가 기억할 부분이나 계산을 위해 필요할 때만 메모를 하죠. 하지만 수학이 어려운 학생이라면 생각을 어떻게 전개해야 할지 잘 모릅니다. 그러니 이를 확인하고 개선해 나가기 위해 풀이 과정을 정리하는 훈련이 꼭 필요합니다. 이후 오답노트 정리나 복습을 진행할 때도 책을 보고 해설지를 읽으며 다시 푸는 것보다 자신이 직접 푼 방식을 보며 어디가 잘못되었는지 확인하는 습관을 들이면 좋습니다.

효율만 놓고 보면 그다지 좋은 방법이 아닐 거라고 생각할 수 있지만 길게 보며 하는 공부인 만큼 그 생각의 과정이 아이의 머릿속에 고스란히 쌓입니다. 또 실제 수리논술에서는 풀이 과정마다 점수를 주고 있죠. 머지않아 생략 없이 풀이를 적어 내려가는 방식이 반드시 필요한 순간이 온다는 겁니다. 이렇게 공부한 아이들은 나중에 입시가 어떻게 변하더라도 침착하게 대응할 수 있게 됩니다.

선행 vs. 심화, 진도는 어떻게 조절하는 것이 좋을까?

교과서 공부를 마쳤고 수준에 맞는 문제집으로 문제를 잘 풀어보았다면 이제 선택의 순간입니다. 다음 학년 과정으로 나아갈 것인지 현행 과정의 심화 과정을 택할 것인지 말이죠. 즉 선행과 심화 중 하나를 택하는 겁니다. 기준은 다음과 같습니다.

다음 학교 진도가 임박했다면 '**선행**'
시간적 여유가 많다면 '**심화**' (다음 학기까지 2~3개월 이상 남은 상황이라면)

사실 교과서 1권, 문제집 1권을 마치는 데까지 시간이 많이 걸렸다면 심화를 선택하기 전에 다음 학기가 임박할 가능성이 높습니다. 그럴 경우 심화를 하는 것보다 현행을 다시 한번 점검하거나 다음 학기 교과서를 가볍게 예습하는 것이 좋습니다. 여기서 제가 이야기하는 선행은 다음 학기의 수업을 미리 예습하는 정도의 것을 말하는 겁니다. 낯선 내용에 관한 두려움을 없애는 정도면 충분합니다. 선행으로 시작해도 하다 보면 현행이 될 가능성이 높습니다. 급하지 않게 학교에서 배우는 진도만이라도 잘 따라갈 수 있도록 지도해 주세요.

반면 수학적 재능이 있는 아이라면 교과서와 문제집 1권 정도는 무리 없이 빠르게 마칠 수 있을 겁니다. 그 경우 심화 단계로 넘어가 더 깊이 있는 사고력과 문제해결력을 갖출 수 있도록 지원해 주시면 됩니다. 이후에도 시간이 남는다면 다음 학기 선행을 진행하세요.

이 과정을 통해 학부모는 내 아이가 이과적 재능을 지녔는지, 문과적 재능을 지녔는지 가늠할 수 있습니다.

이과적 재능이 있다면 현행 교과서나 문제집 1권 정도는 빨리 끝내고 심화 과정에 들어갈 수 있게 될 것이고, 문과적 성향이 강하다면 심화까지는 가지 못하게 될 가능성이 높다고 생각하시면 됩니다. 하지만 이과적 재능이 뛰어나지 않아도 현 수능에서는 충분히 좋은 성적을 받을 수 있으니 속단하여 걱정하실 필요는 없습니다. 아이의 성향을 파악할 수 있으니 이를 통해 공부 방향을 예측하는 정도의 수확이면 충분합니다.

여러 번 강조했지만 다른 어떤 것보다 현행을 충분히 이해하고 지난 과정에 구멍이 나지 않도록 해주는 것, 그것이 가장 중요합니다. 수학은 독립적인 단원들도 있지만 반복해서 심화 확장되는 단원들도 많기 때문에 기본에 구멍이 나면 다음 과정을 쌓아나가는 데 문제가 생길 수 있습니다.

공부를 잘하는 학생들은 질문을 할 때 구체적으로 묻습니다. "이 문제에서 이 부분이 이해가 안 가요" 하고 말입니다. 반대로 공부를 어려워하는 학생들에게 무엇이 어려운지 물어보면 "전부 다요" 하고 답합니다. 질문의 범위가 모호하니까 학생이 정확히 무엇을 모르는지, 어디부터 가르쳐줘야 하는 것인지 난감해지죠. 이런 상황이면 사실 아이도 힘듭니다. 바로 이와 같은 상황을 막기 위해 앞서 말씀드린 공부 방법을 차근차근 진행해 보라고 권하는 겁니다. 기본을 제대로 공부한 학생은 그 어떤 문제를 만나도 두렵지 않습니다. 스스로 생각하고 고민할 수 있는 틀과 도구가 있기 때문이죠. 이것을 지닌 아이는 어려운 문제를 맞닥뜨렸을 때 자신이 이해 못하는 지점이 어딘지 정확히 찾아내고 이를 해결하려고 합니다.

수능 수학은 어느 정도의 암기가 필요합니다. 정석의 방식으로 풀 수는 있지만 효율을 위해 외워야 하는 경우도 있고, 이해보다는 외워서 풀어야 하는 문제도 있습니다. 그러나 암기는 지금 초등에서 다룰 일은 아닙니다. 지금은 충분한 이해와 사고를 키우는 데 주력하고 이를 바탕으로 고등 수학을 접할 수 있게 해주세요.

• • •
초등 저학년 수학 공부법

저학년 수학은 깊은 사고력을 요구하지는 않습니다. 간단한 계산을 배우는 시기이기에 내용도 크게 어렵지 않아 아이에게 부담이 없습니다. 이때는 딱 2가지만 신경 쓰세요.

저학년 수학은 이렇게 ①
공부 습관 들이기

공부 습관은 서서히 완성해 나가는 것이 좋습니다. 한 번에 되지도 않을 뿐더러 처음부터 무리하면 오히려 부작용이 생길 수도 있기 때문입니다. 이 시기에는 1시간 이상 앉아 있는 것 자체가 고통스러울 수 있습니다. 대신 매일 5~10분 짧은 시간이라도 스스로 앉아 공부를 해나갈 수 있도록 습관을 만들어주세요.

제 아이의 경우 교과 내용을 바탕으로 한 문제집을 풀게 했습니다. 학교에서 돌아오면 씻고 간식 먹은 다음 자리에 앉아 그날 배운 분량 1~2장을 꾸준히 풀었습니다. 다 푸는 데 걸린 시간은 길어야 20분이었습니다. 대부분 학교 진도와 비슷하게 진행했죠. 처음에는 문제를 어떻게 풀어야 할지 전혀 모르기에 함께 문제를 읽고 풀이 방법도 차근차근 설명해 주었습니다. 하지만 어느 정도 익숙해지자 스스로 문제를 풀기 시작했고 모르는 부분만 제게 질문했습니다. 저학년 아이들은 모르는 단어가 많으니 학부모님께서는 이 부분을 잘 설명해 주시면 됩니다.

2학년이 되자 분량을 정해주면 아이 스스로 문제를 푸는 방식에 익숙해졌습니다. 2학년 2학기에는 일주일 동안 풀어야 할 분량을 내주었고 스스로 해나갈 수 있게 했죠. 단, 질문을 해도 답을 알려주는 일은 없었습니다. 모르는 문제는 함께 고민하고 적절한 질문으로 실마리를 던져주는 것이 전부였습니다. 이렇게 습관을 잡아주니 이제는 학교를 다녀오면 스스로 책상에 앉아 문제를 풉니다. 내용이나 난이도 면에서 부담이 적은 저학년 시기에 잘 형성해 놓은 공부 습관은, 고학년 이상이 되어 어려운 문제를 만났을 때도 포기하지 않고 공부해 나갈 수 있는 힘이 됩니다.

수에 대한 이해

저학년 시기에는 수에 익숙해지는 것이 중요합니다. 앞에서 저학년 시기는 본격적인 학습에 돌입하는 때가 아니라 학습을 위한 준비 과정이어야 한다고 말씀드렸죠. 맞습니다. 그 목적에 맞게 처음에는 수에 대한 개념을 이해할 수 있도록 숫자를 익히고, 다양한 사물을 활용해 덧셈과 뺄셈 등을 시도하며 점차 수와 친해지는 연습을 해야 합니다. 예를 들어 7은 10에서 3을 빼도 되고, 5에 2를 더해도 되며, 4에 3을 더해도 되죠. 하나의 숫자를 놓고 다양한 방식으로 놀이하듯이 수의 개념에 접근하도록 하세요. 블록이나 장난감 등을 활용해 수를 눈에 보이는 형태로 조합하고 해체하며 수를 이해할 수 있도록 이끌어주는 것도 좋습니다. 이런 과정을 통해 수학에서 정답을 내는 방식이 하나만 있는 것이 아니라 다양한 방향으로 풀어낼 수 있다는 것까지 자연스럽게 배울 수 있습니다.

일례로 위의 방식대로 수를 익힌 학생들은 복잡한 계산을 접했을 때 진가가 발휘됩니다. 99×99를 계산하라고 하면 보통은 바로 구구단을 활용해 문제를 풀죠. 하지만 수의 개념을 이해한 학생들은 주어진 숫자를 재구성하여 99×(100-1)를 떠올리고, 9900에서 99를 뺀 값을 구합니다. 숫자를 응용하고 자유롭게 활용할 줄 아는 학생들은 수학을 할 때 더 유리할 수밖에 없습니다.

바로 이러한 사고를 형성하기 위해 꾸준히 수를 쪼개어 더하고 빼면서 어떤 결과가 나오는지 확인하는 겁니다. 수의 개념을 충분히 익힌 다음에는 본격적으로 계산 연습을 시작하세요. 학년이 올라갈수록 다루는 수가 커지고 복잡해지며, 문제 해결을 위해 사고하는 시간이 많이 필요해집니다. 이때 계산에서 많은 시간이 소비되면 시간 압박으로 실력보다 좋은 점수를 받기 힘듭니다. 앞으로도 수학을 하려면 계산은 필수고, 이는 연습 없이는 불가능합니다. 고등학생이 되어서 따로 계산 연습을 위해 시간을 빼는 건 힘든 일이니, 초등 시기에 빠르고 정확한 계산을 할 수 있도록 꾸준히 훈련하는 시간을 갖길 추천합니다.

계산 연습을 할 때 많은 양을 반복하게 하면 수에 질릴 수 있습니다. 적은 양을 풀더라도 정확히 푸는 연습을 하도록 하고, 느리더라도 수를 다양한 방식으로 재구성하는 과정을 거칠 수 있도록 일러주면 좋습니다.

초등 고학년 수학 공부법

초등 고학년이 되면 수도 커지고 계산도 복잡해집니다. 분수와 소수가 등장하면서 기존에 알고 있었던 풀이 방식으로는 풀기 어려운 문제들이 등장하기 시작하고, 암기로 쉽게 계산을 하기도 어렵습니다. 이때부터 수학에 벽을 느끼는 학생들이 많아지지요. 초등 고학년 공부에 대한 다양한 방법들이 존재하지만 저는 딱 2가지에 집중하는 것을 추천드립니다.

고학년 수학은 이렇게①
스스로 꾸준히 하는 습관 굳히기

수학 공부, 저학년부터 꾸준히 해왔더라면 좋았겠지만 만약 시기를 놓쳤다면 지금이라도 괜찮으니 스스로 공부하는 습관을 들이도록 합니다. 이미 저학년부터 꾸준히 습관을 만들어왔다면 이제 굳히기에 들어갈 차례입니다.

공부 습관을 들인다는 건 하루아침에 가능한 일이 아니라 어렵지만 누구나 시도할 수 있다는 점에서는 쉽습니다. 자칫 아이와 갈등이 깊어질 수 있고 금방 포기하게 될 수도 있죠. 그렇기에 공부 습관은 처음부터 완벽하길 기대하면 안 됩니다. 습관은 갑자기 생기는 것이 아니라 꾸준히 쌓아가는 거니까요. 오늘보다 내일, 내일보다 내일모레 더 나아지면 됩니다. 단, 모든 건 아이에서부터 시작되어야 합니다. 아이가 괴롭지 않은 범위에서 5분, 10분, 15분 공부 시간을 조금씩 늘려가고, 학습 수준도 아이가 충분히 소화할 수 있는 만큼만 진행하세요. 고학년 학부모님들은 대부분 조급합니다. 이제 곧 중학교에 가니 시간이 너무 부족한 것 같다고 말합니다. 하지만 우리의 목표는 대입입니다. 아직 충분한 시간이 있으니 아이를 괴롭게 하는 방식은 가급적 피하시길 바랍니다. 제가 권하는 하루 공부 시간은 내일이 있는 시간입니다. 내일도 아이가 책상에 앉고 싶을 만큼의 시간이어야 합니다. 오늘 하루 학부모가 만족할 만큼 완벽한 진도를 나갔다 한들 아이가 질려버려서 내일은 공부하는 것이 싫다고 한다면 무슨 의미가 있겠습니까? 기억하시길 바랍니다. 습관을 들이는 데 가장 좋은 공부 시간은 내일도 할 수 있는 시간이라는 것을 말입니다.

공부 습관을 들이는 궁극적인 목표는 아이가 '어른이 옆에 없어도' 스스로 앉아 있도록 만드는 것입니다. 부모님이 지켜보고 감시해야 공부를 해나가는 학생도 많습니다. 이 경우 스스로 공부할 때 집중력이 흐트러지거나 불안감을 느끼기도 합니다. 초등 고학년 시기는 다른 게 없습니다. 혼자 집중해서 앉아 있는 시간 늘리기! 부모의 간섭 없이 스스로 자신의 공부 시간을 끈기 있게 지켜나가는 것입니다. 이 끈기는 문제를 끝까지 풀어내는 힘이 되고 성취감으로 이어집니다. 수학은 스스로 완성하는 단계가 반드시 필요한 만큼 이 습관이 나중에 큰 도움이 될 거라 생각합니다.

고학년 수학은 이렇게②
수학적 사고력 기르기

수학을 잘하는 학생들의 특징은 자신이 아는 것과 모르는 것이 무엇인지 정확하게 안다는 겁니다. 즉, 메타인지가 있습니다. 이들은 문제를 풀기 시작할 때 자신이 풀 수 있는 것과 없는 것을 빠르게 파악할 수 있고, 힘들더라도 결국 자기만의 방식으로 문제를 해결해 나갑니다. 하지만 수학을 어려워하는 학생들은 자신이 맞춘 답조차도 왜 맞는지 알지 못하는 경우가 많습니다. 답이 도출된 과정이 있고 맞는 답을 찾았음에도 이게 어떻게 된 일인지 어리둥절합니다. 풀이식을 그대로 암기한 경우가 많아 기계처럼 지금 어떤 공식을 대입해야 할지를 바로 떠올리지만 문제를 조금만 응용해 버리면 당황하고 틀리게 되죠.

따라서 수학을 잘하기 위해서는 메타인지를 길러야 합니다.

그러려면 반드시 오래 고민하는 시간이 필요하죠. 고학년 교과서부터는 기존의 방식과는 다른 유형의 문제들이 등장하기 시작합니다. 분수와 소수가 처음 등장하고 수도 커지고 식도 길어지죠. 암산으로 쉽게 풀 수 있는 문제도 줄어들기 시작합니다. 때문에 이때 접하는 모든 문제들을 충분히 고민해서 풀 수 있도록 하는 것이 좋습니다.

틀린 문제의 경우 확인하되, 노트를 만들거나 지나치게 오답에 몰입할 필요는 없습니다. 오답노트를 잘못 활용하면 예쁘게 줄 맞춰 색색깔로 정리한 뒤 충분히 공부했다는 착각에 빠질 수 있기 때문입니다. 이 시간에 한 문제라도 더 고민해 보는 것이 바람직하죠. 오답은 왜 틀렸는지만 정확하게 확인하고, 어떻게 해야 답을 도출할 수 있을지 다시 고민해 보는 것으로 충분합니다. 고학년 학생이 길러야 할 것은 '수학적 사고력'이니, 다른 여러 과정(오답 노트, 개념 노트 등)들은 해도 좋지만 안 해도 상관없습니다.

중학교 2학년부터는 본격적으로 시험을 보기 때문에 초등 과정처럼 고민할 수 있는 시간이 많지 않습니다. 충분히 고민할 수 있는 시간적 여유가 있을 때 이것을 제대로 활용하시길 바랍니다. 대입 수학은 스스로 개념을 이해해 본 학생이라면 충분히 소화할 수 있는 수준으로 구성되어 있습니다. 이것을 못하는 이유는 해본 적이 없기 때문이죠. 초등 저학년부터 학원에서 바로 개념을 배우다 보니 개념을 이해하기 위해 스스로 고민할 시간이 없습니다. 이런 방식은 효율적이지만 이렇게 쌓은 지식은 쉽게 날아갑니다. 배울 때는 이해가 되지만 과정이 많아지고 복잡해지면 쉽게 잊어버립니다. 수학에는 독립적인 부분도 있지만 반복적으로 심화 확장되는 내용이 많습니다. 처음 개념을 이해할 때는 시간이 오래 걸릴 수 있지만 과정이 진행되면서 이 속도가 점점 빨라지고 이해의 폭이 자연스럽게 넓어집니다. 이렇게 충분히 고민한 개념을 이용해 문제를 풀면, 개념이 문제에 어떻게 적용될 수 있는지 다시 배울 수 있습니다.

* * *

초등 수학 학습에 대한 마지막 당부

초등 수학, 여기까집니다. 충분히 설명한 것 같은데도 불구하고 자꾸 뭔가를 더 말씀드리고 싶은 이유는 대한민국에서 '수학'이라는 과목으로 너무나 많은 학생들이 괴로워했으며, 그 괴로움은 지금도 진행 중이기 때문입니다.

의미 없는 선행

수학 관련하여 제게 딱 하나만 조언을 해달라고 한다면 전 '의미 없는 선행'은 더 이상 하지 마시라는 말씀을 드리고 싶습니다. 대입을 생각한다면 현행에 대한 온전한 이해가 최우선입니다. 천천히 시간을 들여 현행 교과의 내용을 이해하고, 소화 가능한 문제집 1권만 구비한다면 그것으로 충분합니다. 만약 선행할 여력이 난다면 딱 한 학기 정도의 선행이면 됩니다.

"고3까지 딱 한 학기씩만 선행하라고요? 너무 뒤처질 텐데요?"

절대 그렇지 않습니다. 한 학기 선행만으로도 대입까지 문제없습니다. 보통 고등학교 3학년 1학기면 학교에서 모든 수업 진도가 끝납니다. 수학의 경우 자기가 선택하지 않은 영역은 큰 의미가 없기에 빠르면 2학년 2학기에 끝나기도 합니다. 그러니 차근차근 학교 진도에 맞춰 조금씩만 미리 해놓는다면 수능을 준비할 시간은 충분히 확보할 수 있습니다.

종종 고등학교에 입학한 고1 학생이나 학부모님을 상담할 때 고등 수학은 한 번 다 돌려놓았고 심화까지 진행했다고 말하는 경우가 있습니다. 학생의 상황을 확인하기 위해 그해 수능 시험지를 건네면 문제를 풀다가 중간에 포기하는 학생들이 많습니다. 그들에게 선행은 고통스러운 시간만 되었을 뿐 실제로는 별 도움이 되지 않는 경우가 대부분입니다.

중학교 시절, 수박 겉핥기로 고등학교 수학 전 과정을 선행했다는 학생들도 정말 많이 만났지만 이 방식으로 대입에 성공한 경우는 본 적이 없습니다. 이 학생들은 보통 수학 말고 다른 과목에서도 문제가 많았습니다. 그러니 의미 없이 속도와 양으로 밀어붙이는 선행은 그만 멈추시고, 남은 기간 아이가 올바른 방향으로 공부해 나갈 수 있도록 이끌어주시길 바랍니다.

양보다는 질

수학은 양이 아닌 질로 접근해야 합니다. 수학은 진도를 빠르게 빼고, 많은 양의 문제를 무의미하게 양치기해서 해결할 수 있는 과목이 아닙니다. 모든 공부가 마찬가지지만 특히 수학만큼은 양으로 승부 보지 않길 바랍니다. 아이가 초등학생이라면 더더욱 피하셔야 합니다.

아이가 문제 풀이를 할 때 어려움을 느끼면 교과서를 다시 살펴보게 하고, 그 안에서 문제를 해결하는 방향으로 복습이 이루어져야 합니다. 스스로 깨우칠 수 있게 인내를 가지고 도와주셔야 하죠. 교과 내용을 시작점으로 하여 오래 고민하는 일은 반드시 필요한 단계이며, 수학적 사고의 틀을 세우는 데도 의미가 있습니다.

아무리 성실히 공부했더라도 성적이 정체되는 구간은 오기 마련입니다. 이 구간은 양만으로 뚫을 수 없습니다. 이미 알고 있는 문제 유형을 계속 반복한다 해서 제대로 공부가 되지는 않습니다. 이런 정체된 구간을 뚫는 힘은 포기하지 않고 어려운 문제를 끙끙대며 1시간씩 고민하게 하는 끈기에서 나옵니다. 이렇게 1시간을 고민할 수 있는 힘은 어릴 적 쌓아온 습관이 없으면 얻기 어렵습니다. 그러니 아이가 문제를 풀다가 고민하고 있다면 빨리 하라고 다그치지 말고, 믿고 인내해 주세요. 고민하는 시간을 있는 힘껏 응원해 주시기 바랍니다.

고등 공부 역전의 비결

꾸준히 학습을 하다 보면 한 번쯤 공부머리가 깨지는 경험을 하게 됩니다. 다만 이 깨달음에 소요되는 시간은 각자 다 다르기 때문에 인내가 필요합니다. 선천적인 지능을 무시하는 것이 아닙니다. 다만 대입에서는 학습을 통해 얻는 깨달음이 훨씬 더 중요하다는 말씀을 드리는 겁니다. 이러한 방식으로 입시에서 결국 머리 좋은 아이를 가뿐히 넘어서는 평범한 아이들을 매년 보고 있습니다.

이렇게 후천적 노력으로 얻게 되는 공부머리는 조금씩 커져

나가는 대각선의 형태는 아닌 경우가 많습니다. 한동안 정체되어 있다가 갑자기 한두 단계 위로 도약하는 계단의 형태를 취하고 있죠. 수학도 마찬가지입니다. 수학만큼은 타고나야 한다고 믿는 분들이 많습니다. 물론 애초부터 수학머리가 좋다면 유리한 것은 사실이지만, 평범한 머리를 가진 학생들도 충분히 좋은 성적을 받을 수 있는 것이 현재의 대입입니다.

아이가 공부를 안 하는데 좋은 성적을 받을 방법은 없습니다. 하지만 진심으로 열심히 노력하는데 성적이 오르지 않는 일만은 막아야 합니다. 그러려면 꼭 제대로 된 공부 방법을 알려주세요. 제대로 된 방법으로 꾸준히 노력한다면 반드시 성공합니다. 지금까지 말씀드린 공부법이 기나긴 여정에 길을 잃지 않게 하는 등불이 되어주길 바랍니다.

필독서 100권보다 센 사회, 과학 공부의 힘

저는 독서의 힘을 부정하는 것이 아닙니다. 독서의 가치는 이루 말할 수 없이 크기 때문에 당연히 권장해야 합니다. 단지 독서를 강요하거나 특정 교재를 선정하여 반드시 이것을 봐야 한다고 부담을 주는 일체의 행위를 부정할 뿐입니다. 필독리스트나 권장리스트를 선정하고 정보를 제공하는 것까지는 좋지만, 이것을 강요하는 것은 대입에 큰 도움이 안 되는 것은 물론이고 좋은 독서 습관 형성에도 바람직하지 않습니다.

현재 대입 전형의 특징

대입을 생각한다면 사회나 과학 같은 과목들을 제대로 살펴야 합니다. 이에 대한 이해를 돕기 위해 현재 입시에 위와 같은 과목들이 어떻게 활용되는지 설명하고자 합니다.

수능 국어 바로 보기

수능의 정식 명칭은 '대학 수학 능력 시험'입니다. 말 그대로 대학에 입학하여 공부(수학)할 능력이 있는 학생들을 뽑기 위한 시험이라는 말입니다. 고등학교까지와는 달리 대학에서는 '전 공'이라는 것이 있고, 이에 따라 각기 다른 내용들을 배우게 됩니다. 각 전공에서 요구되는 능력은 제각각 다르고, 원서를 봐야하거나 외국어를 배워야 하는 경우도 있지만, 모두 '대한민국'이라는 테두리 안에서 이루어지는 교육이기에 '국어'에 대한 이해가 필수적으로 요구됩니다. 나아가 대학에서 수학하는 내용들은 전공에 따라 모두 달라지기에 대학에서 수학하는 내용을 폭넓게 이해할 수 있는 고등 사고 능력이 있어야 하죠.

2023 한국교육과정평가원 발표
(대학 수학 능력 평가 목표, 출제 범위 및 특이사항)

평가 목표

국어 영역은 고등학교 국어과 교육과정을 기초로 하여 대학에서 원만하고 능률적으로 수학(修學)하기 위해 필요한 국어 능력을 측정한다.

출제 범위 및 특이사항

국어 영역은 2015 개정 국어과 교육과정(교육부 고시 제201-74호) 중 '독서', '문학', '화법과 작문', '언어와 매체' 과목의 학습 목표와 내용을 출제 범위로 한다.

다만, 국어 영역은 다양한 분양의 글과 자료를 활용하여 대학 수학에 필요한 고등 사고 능력을 측정한다.

이러한 상황이다 보니 수능 국어는 다른 과목과는 성질이 좀 다릅니다. 다른 과목은 그 과목의 본질을 정확하게 파악하고 해당 과목의 공부만 잘해나가면 됩니다. 하지만 국어는 그 외에도 다양한 영역을 '읽고' '이해'하지 않으면 안 된다는 점에서 본질적으로 차이가 있습니다. 수능의 '국어 영역'에서는 실제로 '법, 철학, 경제, 역사, 과학, 기술' 등 다양한 내용의 지문이 나오는데, 이 내용을 시험장에서 읽고서 바로 이해할 수 있어야 합니다. 하지만 이 지문들은 우리가 국어 교과서로 배웠던 내용과는 좀 다릅니다. 우리는 이걸 '비문학'이라고 부릅니다. 실제로 학생들이 매년 무너지는 이유가 바로 이 비문학 때문입니다. 지난 5년간 학생들이 가장 많이 틀린 문제 TOP10(총 45문제 중)을 뽑아보면 한 해도 빠짐없이 비문학이 70~80%를 차지하고 있습니다. 조금 과장을 보태면 수능 국어의 운명은 '비문학'에 달려 있다고 말할 정도니까요.

이렇게 매년 수능에서 '비문학'이 대두되다 보니 각 전문가들은 비문학을 잘 풀 수 있는 방법이라며 여러 가지 해법을 제시하고 있습니다. 그중 유력한 주장이 바로 '책 읽기'입니다. 요즘 아이들이 책을 많이 읽지 않아 비문학에 약한 것이라는 근거를 붙여서 말이죠. 하지만 제 생각은 좀 다릅니다. 앞에서 강조했듯이 책을 그냥 읽는 것은 좋지만, 수능 국어를 위해 책 읽기를 한다는 것은 다소 위험한 발상입니다.

수능 국어의 본질은 '과목별 수학 능력'이고, 그렇다면 그 해답은 '교육과정' 안에서 찾아야 합니다. 하지만 비문학 영역에서 요구하는 지식은 '국어 교과서' 안에 한정되어 있지 않습니다. 학생이 대학에 입학한 이후 '다양한 전공과목'에 대한 이해를 할 수 있는지에 대한 능력을 평가해야 하기 때문입니다. 하지만 교육과정을 벗어난 수준의 배경 지식이나 읽기 능력을 요구하는 건 또 아닙니다.

2023 한국교육과정평가원 발표(대학 수학 능력 평가 시험 학습 방법)

1) 내용 영역

독서 능력은 다량의 정보를 신속하고 정확하게 처리해야 하는 정보화 시대의 국어생활 맥락과 비판적·창의적인 문헌 해석 및 활용 능력을 요구하는 학문 활동 환경을 고려할 때 매우 중요하게 요구되는 국어 능력 중 하나이다. 독서 영역에서는 인문·예술, 사회·문화, 과학·기술 분야의 다양한 글을 제재로 하여, 독서의 원리와 방법에 대한 지식과 아울러 어휘력, 사실적·추론적·비판적·창의적 사고력 등을 측정할 수 있는 문항을 출제한다. 이를 위해 설명문·논설문·서사문·보고서·생활문 등 다양한 유형의 글을 활용하여 출제하되, 지문에 포함된 내용을 이해하는 데 필요한 배경지식의 수준과 범위가 고등학교 교육과정을 벗어나지 않도록 한다.

※출처: 한국교육과정평가원

그렇다면 대체 비문학은 어떻게 학습해야 할까요? 비문학의 내공을 키우는 가장 좋은 방법은 '사회'와 '과학' 교과서의 내용을 제대로 이해하는 것입니다. 사회와 과학 교과서에는 철학, 경제, 역사, 지리, 정치, 법, 물리, 화학, 지구과학, 생물 등 굉장히 다양한 내용의 깊이 있는 지식들이 수록되어 있습니다. 구성도 해당 학년의 교과서만 잘 익혀둔다면 다음 학기의 내용을 문제없이 따라갈 수 있을 만큼 체계적입니다. 즉, 학년별 사회 및 과학 교과서는 그 어떤 권장도서나 필독서보다도 방대한 양질의 지식을 체계적으로 접할 수 있는 책이라고 볼 수 있습니다.

이는 지난 수능 및 연계 교재(EBS교재 등)의 제시문과 그에 따르는 몇몇 문제들만 살펴봐도 느낄 수 있습니다. 수능 국어 지문으로는 우리가 일반적으로 생각하는 문학 관련 내용이 아닌 사회나 과학 교과와 관련한 내용이 빈번히 등장합니다. 실제로 국어를 어려워하는 이과 학생들도 과학 관련 지문이 나오면 비교적 쉽게 풀곤 하죠. 하지만 고등학교까지 국어 내신도 좋고 책도 많이 읽었다는 문과 학생들의 경우, 국어 시험에서 과학 관련한 지문이 나오면 갈피를 못 잡고 어려워하기도 합니다.

오랜 시간 많은 학생들을 지켜본 결과, 주요 과목 교과(국영수 사과)의 내용을 균형 있게 공부한 학생이 비문학이 어려워서 발목을 잡힌 경우는 결코 본 적이 없습니다. 반대로 독서를 많이 했지만 비문학을 못하는 경우는 많이 보았습니다. 그렇기에 모두가 좋다며 권하는 책 100권을 읽는 것보다 사회와 과학 교과서를 열심히 읽어야 한다고 강조하는 것입니다.

· · ·

미리 알아두면 도움이 될
대입 논술과 면접

대입 논술과 관련된 가장 큰 오해는 이 시험을 '글짓기 시험'

이라고 생각한다는 것입니다. 사실 대입 논술은 글짓기와는 거리가 멀고, 정답이 존재하는 긴 서술형 문제와 유사합니다. 책을 많이 읽고, 글을 잘 쓰는 학생에게 유리한 시험이 아닙니다. 교과의 내용을 정확하게 이해하고 있는, 문장은 다소 거칠어도 결국 문제를 잘 푸는 학생에게 유리한 시험이죠.

대입 논술은 다양한 제시문이 주어지고 이를 바탕으로 문제에 답을 하는 시험입니다. 제시문에는 영어 지문도 포함되어 있으며, 사회나 과학, 역사 심지어 수학 문제를 풀어야 하는 경우도 있습니다. 시험장에서 이런 제시문을 보고도 침착하게 대응할 수 있으려면 어떻게 공부해야 할까요? 지피지기 백전백승, 먼저 대학에서 논술 및 면접 전형을 어떤 식으로 준비하고 있는지 살펴보는 것이 중요합니다.

각 대학에서는 매해 시험의 출제의도 및 해설집을 공개하고 있습니다. 이를 살펴보면 어떻게 논술을 위해 학습해야 하는지 감이 옵니다. 몇몇 대학의 안내 자료는 제시문의 경우 통합사회, 생활과 윤리, 고전과 윤리, 문학, 영어 등의 교과서에서 발췌하며, 고등 교육과정을 착실히 이행했다면 자주 경험했을 만한 내용과 형식으로 구성되어 있다고 소개하고 있습니다. 이 말은 곧 대입 논술은 고등학교까지 교과서로 기본을 충실하게 다진 학생이라면 어렵지 않게 적을 수 있을 만한 문제 위주로 출제한다는 것을 뜻합니다.

또한 대입에서의 '면접' 역시 여러분이 일반적으로 떠올리는 면접과는 많이 다릅니다. 그 자리는 '자신의 생각과 포부' 등을 밝히는 자리가 아닙니다. 주요 과목 교과에서 비롯된 문제를 일정 시간 동안 고민해 본 뒤 교수들 앞에 서서 자신이 생각한 답을 칠판에 풀거나 설명하는 시간입니다. 초등학교 때 흔하게 하는 '독서·토론·논술'과는 성격이 많이 다릅니다.

정리해 보면 좋은 대학에 합격하기 위해 준비해야 할 시험, 즉 수능이나 논술, 구술, 면접 모두 현 교육과정을 기반으로 하고 있다는 뜻입니다. 주요 과목에 대한 깊이 있는 이해는 필수적이며, 국어 비문학과 논술, 면접과 같은 전형을 위해서는 사회와 과학 교과서를 필히 학습하는 것이 수많은 책을 섭렵하는 것보다 큰 의미가 있습니다.

비문학, 논술, 면접 모두 당장 책을 많이 읽고 문제를 많이 푼다고 해서 좋은 성과를 거둘 수 있는 것들이 아닙니다. 이들 시험에서 좋은 점수를 얻으려면 '종합적인 사고력'을 길러야 하는데, 이는 단기간에 만들 수 있는 것이 아니기 때문입니다. 종합적인 사고력은 주요 과목 교과서, 특히 사회 및 과학 교과서에 나오는 내용으로 차근차근 배경지식을 쌓아나가는 것이 중요합니다. 교과서의 내용을 빠짐없이 읽고, 다시 한번 곱씹어 생각하며 완전한 이해가 이루어지도록 노력해야 합니다. 이 방법을 초등학교 때부터 준비한다면 입시에서 굉장히 유리해질 수밖에 없습니다. 가장 쉬운 초등교과서로 시작하세요. 일찍부터 공부를 쌓아간다면 이후 자연스럽게 많은 지식이 축적되어, 결정적인 순간에 그 어떤 사교육보다도 강력한 힘을 발휘하게 될 것입니다.

• • •

사회 교과서,
어떻게 학습해야 할까?

초등 사회 과목은 3학년부터 시작되며 정치, 법, 사회문화, 경제, 지리 등 다양한 영역의 지식을 다루고 있습니다. 사회는 국어, 영어, 수학처럼 한 가지 지식을 기초부터 심화까지 깊이 있게 배우는 과목이 아닙니다. 다양한 지식 습득은 물론이고, 우리 사회의 특징과 세계의 여러 모습들을 종합적으로 이해하게 돕는 과목에 가깝습니다. 또한 학생들이 사회를 살아가면서 필수적으로 알아야 하는 지식과 기능을 익힐 수 있도록 하는 과목이기에 무척 다양하고 방대한 내용을 담고 있습니다.

그렇기 때문에 다른 과목 교과서처럼 몇 가지 방법으로 공부법을 단정 짓는 것이 좀 어렵습니다. 그럼에도 변하지 않는 건 해당 학년 교과서의 내용을 완전하게 이해하는 데 초점을 맞추는 겁니다. 학년이 올라갈수록 지식이 쌓일 수 있게 말이죠.

사회 교과서 정독하는 법

다음은 초등학교 4학년 2학기 사회 교과서의 일부를 발췌한 것입니다. 함께 보며 사회 교과서를 어떻게 정독하는 것이 좋을지 알아보겠습니다.

> 사람들이 원하는 것은 많으나 그것을 모두 가질 수 없는 상태를 희소성이라고 합니다. 우리가 선택해야 하는 까닭은 쓸 수 있는 돈이나 자원이 한정되어 있기 때문입니다. 즉 경제활동*을 하는 사람이라면 누구나 희소성 때문에 선택의 문제를 겪게 되며 무엇을 선택하는지는 사람에 따라 다를 수 있습니다.
>
> *경제활동: 사람들이 생활하는 데 필요한 여러 가지 것들을 만들고 사용하는 것과 관련된 모든 활동

① 밑줄 치며 제대로 읽으세요.

먼저 한 페이지씩 제대로 읽으시길 바랍니다. 학습의 목적이 암기가 아니라 이해인 만큼 천천히 읽으며 이해해 나가는 것이 중요합니다. 교과서에 제시된 활동이 있다면 적극적으로 해보는 것도 좋습니다. 특히 제시문을 읽을 때는 단락별로 중요한 부분

에 밑줄을 그으며 집중하세요. 종종 학생에게 중요하다고 생각되는 부분을 밑줄 치면서 공부하라고 하면 모든 단락에 줄을 다 치는 경우가 있습니다. 무엇이 중요한지 모르니까 일단 다 체크해 보는 거죠. 괜찮습니다. 이 또한 익숙해지는 과정이니 자유롭게 공부해 나갈 수 있게 지켜봐 주세요. 시간이 지나면 진짜 중요한 부분을 찾아 밑줄 긋는 때가 올 테니까요.

② 밑줄 친 부분에서 핵심어를 찾아보세요.

다음은 자신이 밑줄 친 부분에서 핵심어를 찾는 훈련을 합니다. 중요하게 기억해야 할 단어가 무엇인지 찾는 훈련을 하다 보면 내용이 기억에 더 오래 남습니다. 또한 핵심어의 의미를 잘 생각해 보세요. 예를 들어 '소비(所費)'라는 단어의 의미는 정확하게 무엇인지, 어떤 한자의 조합으로 완성된 단어인지도 생각해 보면 좋습니다.

③ 소제목을 적어보세요.

한 단락씩 나눠 적어보는 것도 좋고, 여러 단락을 묶어 하나로 정리하는 것도 괜찮습니다. 글의 성격에 맞게 적어보면 됩니다. 앞서 제시문을 예로 들자면 단락별로 간단히 정리한 뒤 한 단락 전체의 소제목을 찾아 적을 수 있습니다. 소제목은 단락별로 가장 핵심이 되는 단어나 문장을 이용하여 요약한다는 생각으로 적으시면 됩니다. 이렇게 핵심 단어나 문장을 고르고 정리하는 과정을 통해 글에 대한 집중도와 이해도가 높아지고 내용도 더 오래 기억할 수 있게 됩니다.

> **예) [소제목: 희소성]**
> 사람들이 <u>원하는 것은 많으나 그것을 모두 가질 수 없는 상태</u>를 [희소성]이라고 합니다. 우리가 선택해야 하는 까닭은 쓸 수 있는 돈이나 자원이 한정되어 있기 때문입니다. 즉 [*] <u>경제활동</u>을 하는 사람이라면 누구나 희소성 때문에 선택의 문제를 겪게 되며 무엇을 선택하는지는 사람에 따라 다를 수 있습니다.

④ 소제목만 보고 내용을 기억해 보세요.

교과서를 다 읽고 나면 다시 앞으로 돌아가서 적어두었던 소제목 위주로 쓱 훑어봅니다. 소제목만 읽고도 본문의 내용이 떠오르는지 확인하는 겁니다. 나아가 누군가에게 내용을 설명할 수 있을 정도면 더 좋습니다. 아니면 떠오르는 주요 내용을 노트에 적어보세요. 밑줄 친 핵심 문장 또는 핵심어 위주로 기억을 떠올리면 됩니다.

> **예)** 이 부분은 '희소성'에 대한 부분인데요. 희소성은 원하는
> 건 많은데 다 가질 수 없는 상태를 말해요. 예를 들어서 지금
> 10명의 친구들이 아이스크림을 엄청 먹고 싶은데 아이스크림
> 은 1개밖에 없는 거예요.

⑤ 소제목을 모아서 정리한 뒤 어떤 내용이 담겨 있었는지 떠올려 보세요.

이런 방식으로 공부한 단원들이 어느 정도 쌓이면 이번에는 글의 소제목만 노트에 모아 정리합니다. 적어놓은 제목만 보고도 본문의 내용이 떠오르고 그것을 술술 설명할 수 있는 수준이 되는 것이 가장 좋습니다.

> **예)** 희소성, 생산, 소비 이런 식으로 교과서의 내용을 단락별
> 로 정리해 놓고 각각의 내용을 위와 같은 방식으로 설명해 보
> 세요.

⑥ 소제목을 질문으로 바꾸고 답해보세요.

본문을 잘 이해하고 있는지 확인하고 싶다면 적어놓은 소제목을 질문으로 바꾼 뒤 스스로 답을 해보면 됩니다. 문제를 풀다가

기억이 안 나는 부분은 체크한 뒤 나중에 다시 읽어보시기 바랍니다.

> **예) 문제: 희소성이란?**
> **답:** 쓸 수 있는 돈, 시간, 자원이 한정되어 원하는 것을 모두 가질 수 없는 상태

⑦ 어려운 어휘는 사전을 찾아서 뜻을 확인해 보세요.

잘 이해가 되지 않거나 처음 보는 단어들은 꼭 사전을 찾아서 정확하게 뜻을 알고 넘어가길 바랍니다.

이러한 학습 방법을 잘 익혀두면 고등학교에서도 활용할 수 있습니다. 사회뿐만 아니라 국어를 공부할 때도 꽤 유용한 방법입니다. 특히 '소제목을 질문으로 바꾸기'는 중요한 학교 시험을 앞둔 시점에 활용하면 좋습니다. 도표나 그림, 지도 같은 시각 자료가 많은 단원들은 주어진 자료를 잘 이해하는 것에 중점을 두고 공부하길 바랍니다. 독해를 할 때 보면 시각 자료를 유난히 어려워하는 학생들이 있습니다. 어린 시절부터 시각 자료를 보는 훈련을 차근차근 해나가면 고등학교 이후 시각 자료가 풍성하게 활용된 다양한 영역의 글도 두려움 없이 읽고 이해할 수 있

게 됩니다. 초등 사회 교과서는 내용이 많지 않습니다. 차근차근 해나가면 누구나 어렵지 않게 학습할 수 있으니, 사회 공부가 시작되는 초등 3학년 시기를 놓치지 않길 바랍니다.

• • •
초등 역사,
어떻게 학습할까?

초등 역사는 사회 교과서 안에 포함되어 있습니다. 역사는 초등학교 5학년 2학기 과정에 등장하는데, 고조선부터 대한민국 정부의 수립과 6.25전쟁까지를 다루고 있습니다. 역사는 대입을 위해 꼭 봐야 하는 필수 과목입니다. 절대평가이긴 하지만 최소한의 등급은 받아야 하기에 어릴 때부터 미리 준비하는 것이 바람직합니다. 고3 때 역사 공부를 붙잡고 있는 시간은 무척 부담스럽게 느껴지기 때문입니다. 역사적 지식이 있다면 고전 문학 작품이나 사회문화를 이해하는 깊이도 다를 수밖에 없으니, 초등학교부터 교과 과정을 성실하게 학습해 두는 것이 좋습니다.

또한 2022년부터는 사회, 과학 교과서가 '검정' 교과서로 바뀌었습니다. 각 출판사에 접속하면 '해당 교과서, 지도서, 교사용 교재'를 볼 수 있습니다. 교과서 내용만으로 이해하기 어려운 내용은 교사용 교재나 지도서를 통해 더 자세히 살펴볼 수 있습니다. 뿐만 아니라 학부모가 직접 지도서를 참고해 아이들을 지도할 수도 있습니다.

앞서 '영어' 편에서 언급했던 디지털 교과서를 활용하는 것도 좋은 방법입니다. 사회 디지털 교과서를 보면 지도나 자료를 설명하는 동영상이나 역사적 상황에 맞는 짧은 애니메이션 등 학생들의 흥미를 이끌어낼 만한 학습 도구가 많습니다. 페이지마다 역사를 쉽게 이해할 수 있는 다양한 시청각 자료들이 배치되어 있어 이를 통해 다소 지루하고 딱딱하게 생각할 수 있는 역사를 즐겁게 배울 수 있습니다.

초등 역사 공부는 딱 2가지만 집중하면 좋겠습니다.

1) 암기보다 이해
2) 시기

역사를 암기로 접근하면 학습하기 어렵고 심리적으로도 거부감이 생길 수 있습니다. 처음에는 이야기 중심으로 재미있게 배우는 것을 추천합니다. 그리고 5학년 2학기가 되면 학생들이 사회 과목에서 학습 부담을 많이 느낄 수 있습니다. 다른 어떤 학년보다도 학습해야 할 양이 많기 때문이죠. 역사적인 지식이 없다면 5학년 2학기 사회는 현행으로 해결하기 어려울 수 있습니다. 역사의 경우 3학년 2학기나 4학년 1학기부터 학습을 천천히 시작하는 것을 추천합니다. 시중에 스토리 위주로 나와 있는 초등 역사 교재가 워낙 많으니 어떤 교재를 활용하시든 상관없지만, 특히 아이가 즐겁게 볼 수 있는 교재라면 가장 좋겠죠.

특별히 염두에 둔 교재가 없다면 「한국사 편지(박은봉 지음 | 책과함께어린이)」도 좋습니다. 총 5권이면 끝나기에 큰 부담이 없고, 중학교까지 반복해서 읽으면 도움이 많이 되는 교재입니다. 역사적 내용들이 쉽게 설명되어 있고 시각 자료도 많아 한국사의 기초적인 틀을 잡는 데 좋습니다. 실제로 아이들에게 읽히면 이해하기 쉬워 즐겁게 읽습니다. 교재를 먼저 읽은 뒤 5학년 사회를 시작하면 한결 편하게 학습할 수 있을 겁니다.

• • •

초등 과학, 어떻게 학습할까?

과학은 실제로 존재하는 것들을 대상으로 관찰과 실험을 통해 법칙을 찾아내는 공부입니다. 그렇기 때문에 초등 과정에서도 실험과 탐구가 많이 활용됩니다. 게다가 초등 과학은 고등 과학

과도 많은 연관이 있습니다. 고등 과정에서 접하게 될 '물리, 화학, 지구과학, 생명과학'과 같은 과목들의 기초를 차근차근 배워나가는 과정이라고 생각하시면 됩니다.

수능 국어 수업을 하며 가장 힘든 시간은 비문학 수업 중 '과학'을 설명할 때입니다. 아무리 쉽고 재미있게 가르치고 싶어도 교과 과정에 대한 배경지식이 없는 상태에서는 이해하기가 어렵기 때문입니다. 특히 문과나 예체능 학생들은 일찍부터 과학을 포기한 경우가 많습니다. 이들에게 1개의 과학 제시문을 온전히 이해시키려면 굉장히 많은 준비가 필요하죠. 그래도 어떻게든 이해시켜 보려고 열심히 준비해서 수업을 하면 다른 수업 때는 초롱초롱 빛나던 눈이 시작한 지 5분 만에 흐릿해지는 일이 흔하게 벌어집니다.

앞서 설명한 수능 비문학이나 논술, 구술 및 면접과 같은 전형들을 생각한다면 사회 및 과학적 기초 지식은 대입의 당락을 결정하는 가장 큰 요인이 될 수 있습니다. 문과라 하더라도 과학의 기초적인 내용은 알고 있어야 하고, 이과 역시 사회의 기초적인 내용들은 알고 있어야 좋은 대학에 갈 수 있습니다.

그렇다면 아이들이 이렇게 힘들어하는 과학은 어떻게 학습하는 것이 좋을까요? 같은 이과 과목이지만 수학과 과학은 학습 방법이 좀 다릅니다. 수학은 개념을 이해한 뒤 '문제를 통해 훈련하고 연습'하는 과정이 반드시 필요합니다. 개념만큼 문제를 푸는 것도 중요하죠. 하지만 '과학'은 개념을 정확하게 이해한 뒤 개념을 정리하고 확인하는 정도로만 '문제'를 활용하면 됩니다.

다시 말해 과학 공부의 핵심은 개념을 충분히 이해한 뒤에 문제를 풀면서 자신이 개념을 잘 이해했는지 확인하고, 문제가 잘 안 풀리거나 개념이 혼동되면 해당 개념을 다시 학습해야 한다는 겁니다. 좀 더 자세히 살펴보겠습니다.

초등 과학 이렇게①
한 쪽씩 제대로 읽으며 개념 이해하기

과학에는 어려운 용어가 많이 등장합니다. 한자도 많이 활용되기 때문에 각 단어의 의미를 정확하게 이해하면서 공부해야 하죠. 그래서 과학을 학습할 때는 사전을 활용해 핵심 용어의 의미를 찾아보면서 공부하시길 바랍니다.

예를 들어 '운동'에 대해 공부하게 되었을 때 사전에서 '운동(運動)'을 찾아보면 다양한 의미가 나옵니다.

1. 사람이 몸을 단련하거나 건강을 위하여 몸을 움직이는 일.
예) 운동 시설
2. 어떤 목적을 이루려고 힘쓰는 일. 또는 그런 활동.

예) 절약 운동을 벌이다.

3. 전기·전자 물체가 시간의 경과에 따라 그 공간적 위치를 바꾸는 일.

예) 우주의 규칙적인 운동

교과서에 나오는 운동이 3가지 의미 중 어떤 것에 해당하는 것인지를 학습하고 생각하는 것이 과학 공부의 시작입니다. 시간이 걸리더라도 해당 페이지의 내용을 충분히 생각하며 한 줄 한 줄 제대로 이해하고 넘어가야 합니다.

초등 과학 이렇게②

문제를 통해 개념 재확인하기

교과서를 바탕으로 하는 과학 참고서는 문제가 많이 어렵지 않습니다. 교과서를 통해 개념을 잘 이해했다면 쉽게 풀릴 문제죠. 그러나 풀다가 이해가 안 가는 부분이 있거나, 답은 맞았다고 하더라도 확신이 없는 문제가 있다면 반드시 체크해 두었다가 다시 확인해야 합니다. 이런 경우에는 교과서로 돌아가 개념부터 다시 꼼꼼하게 복습하는 것이 좋습니다. 이해가 안 되는 부분은 읽고 또 읽으며 완전하게 이해시키고 넘어가시길 바랍니다.

디지털 교과서, e학습터 학년별 학습 영상 참고하기

이미 많은 선생님들이 과학 과목에서 디지털 교과서를 강조하고 있습니다. 과학에 유난히 디지털 교과를 강조하는 이유가 있습니다. 과학은 앞서 말씀드린 것처럼 실험과 관찰이 중요한 과목이기 때문이죠. 그런데 최근 코로나19로 활동적인 부분에 일부 제약이 생겼고, 상황에 따라 관찰과 실험이 어려운 단원도 있습니다. 그러다 보니 학생 입장에서는 과학이 더욱 멀게 느껴질 수밖에 없습니다. 눈으로 한 번 보면 쉽게 이해될 내용인데, 머리로만 상상하게 되니 복잡하고 어렵다고 생각되는 거죠. 이런 학생들에게는 디지털 교과서나 e학습터의 '온라인 학년별 영상'을 통해 실험과 관찰 과정을 직접 보게 해주는 것이 좋습니다. 글로만 접했던 내용을 동영상으로 직접 보게 되면 훨씬 쉽고 빠르게 이해할 수 있습니다.

e학습터의 '온라인 학년별 영상'은 매 단원 학습에 들어가기 전에 영상으로 먼저 보는 것이 좋습니다. 학습을 마친 뒤에 영상을 한 번 더 본다면 복습까지 되어 더욱 효과적입니다. 디지털 교과서는 매 단원 앞부분마다 해당 단원을 통해 해결해야 하는 문제들을 담은 동영상이 나옵니다. 이 동영상을 시작으로 해결할 문제들을 떠올리며 디지털 교과서의 내용을 한 페이지씩

따라가다 보면 퀴즈, 실험 영상, 단원 정리 등 다양한 활동을 접할 수 있게 됩니다. 시간 여유가 충분하다면 디지털 교과서의 내용을 중심으로 e학습터의 학년별 영상을 앞뒤로 활용하는 것도 좋습니다.

• • •

명문대 입학을 위한 황금 열쇠

앞서 설명했듯이 사회 및 과학 과목은 국어나 영어, 수학처럼 한 과목의 기초부터 심화까지 단계별로 배울 수 있는 과목이 아닙니다. 다양한 과목들이 묶여 있죠. 특히 초등 과정의 사회와 과학은 내용도 어렵지 않고 양도 많지 않아 차근차근 해나가면 충분히 높은 학업 성취를 이룰 수 있습니다.

제가 늘 교과서 공부를 강조하는데, 때로는 누군가에게 '정답이 있는 주입식 교육'을 강요하는 것이 아니냐는 오해도 받곤 합니다. 하지만 교과서를 강조하는 것과 '주입식 교육'은 엄연히 다릅니다. 교과서는 해당 학년에 맞는 지식을 알려주는 도구입니다. 각 분야의 전문가들이 연구하여 학생의 신체 나이 및 발달과정에 맞춰 꼭 알아야 하는 지식들을 모아놓은 아주 좋은 학습 프로그램입니다. 자신의 생각을 주장하고 논리를 펼쳐나가는 것도 이런 기본적인 지식을 갖춘 상태여야 가능합니다. 많은 사람들을 이해시키고 설득할 수 있으려면 누구나 공감할 수 있는 보편타당한 근거와 지식이 필요하기 때문입니다. 이러한 지식들을 교과서를 통해 배워나가는 겁니다. 특히 사회와 과학 교과서에는 대입을 위해 반드시 알아야 하는 지식뿐만 아니라 사회 구성원으로 살아가기 위해 알아야 하는 모든 기초 지식이 담겨 있습니다. 때문에 어떤 권장도서나 필독서보다도 좋은 양질의 지식을 배울 수 있습니다.

하지만 그 양이 적지 않고 내용도 폭넓고 다양합니다. 그렇기에 초등학교부터 시작해서 한 단계씩 잘 쌓아올린다면 고3이 되어 수능시험을 보게 될 순간에 그 누구도 갖추지 못한 가장 강력한 무기가 되어줄 수 있습니다.

이 과목들은 누군가가 짧은 시간 안에 가르쳐서 되는 것이 아니라, 학생 본인이 오랜 시간 동안 이해하고 고민하며 쌓아올려야 하는 과목이기에 더 귀하고 가치가 있습니다. 현재 이 글을 읽고 있는 독자 분들은 대부분 초등 부모님이실 거라 생각합니다. 자녀가 어떤 학년이든 간에 지금부터라도 제가 알려드린 방법대로 공부를 시작하시길 바랍니다. 머지않아 대입의 좁은 문을 활짝 열 황금 열쇠를 갖게 될 것입니다.

어린 시절, 왜 우리의 삶은 이토록 불평등한지 깊게 고민한 적이 있습니다. 관심을 갖기 시작하니 사회 곳곳의 불평등이 눈에 띄었고, 그 중에서도 가장 마음에 남았던 것은 어린아이들이 겪고 있는 불평등이었습니다. 어떤 아이도 부모를 선택할 수 없다는 것을 새삼 느끼게 되었을 때 혼자 결심했습니다.

"내가 어른이 되면 열심히 돈을 벌어 학교를 세우고, 교육만큼은 모두가 평등하게 받을 수 있도록 만들겠어."

어린 나이였지만 좋은 교육은 한 사람의 인생을 바꿀 수 있다고 확신했습니다.

그리고 그 확신은 지금까지도 여전히 유효합니다. 좋은 교육은 학생을 성장시킵니다. 삶을 바꾸어 나갈 수 있는 기회를 줍니다. 그렇기에 비록 삶은 불평등하더라도 교육의 기회만큼은 평등해야 합니다.

모두가 원하는 대학은 정해져 있고 그 문은 좁기에 경쟁은 피할 수 없습니다. 하지만 서로를 망가뜨리고 무너뜨리는 경쟁이 아니라 공평한 조건과 정정당당한 승부가 이루어지는 열린 경쟁이 되어야 한다고 믿습니다. 그러한 경쟁에서만이 승자와 패자가 아닌, 참여한 모두가 배움과 성장을 이루는 좋은 승부가 펼쳐질 수 있습니다.

우리 아이들이 건강한 경쟁을 하도록 도우려면 정보 제공 역시 한쪽으로 치우치지 않고 공평하게 이루어져야 합니다. 바로 이러한 이유로 책을 집필하게 되었습니다. 전국의 모든 학생들에게 좋은 대학을 가기 위해 무엇을 어떻게 해야 하는 것인지 알려주고 싶었습니다. 정확한 방향과 방법을 제시하고, 여기에 노력만 보태면 누구나 성공할 수 있는 길을 열어주고자 했습니다.

처음의 마음가짐은 가벼웠습니다. 단순하게 내가 가장 잘 알고 잘 할 수 있는 지식과 정보를 책으로 나누면 되는 것이라 생각했습니다. 지난 20여 년의 세월 동안 치열한 입시 현장에서도 나름 누구보다 열심히 살았다고 생각했기에 어려울 리 없을 거라 여겼습니다. 물론, 이는 착각이었습니다. 문장 하나하나가 마음에 들지 않았고, 그 문장이 쌓인 문단과 글은 더욱 꼴도 보기 싫었습니다. 몇 번이나 수정을 거치고 더 나아가 처음부터 뒤집기를 몇 차례 반복하니 해가 바뀌고서야 분당강쌤의 첫 책이 세상에 나왔습니다.

하나의 정보라도 잘못 전달될까 염려되어 끊임없이 확인을 반복하는 시간이었습니다. 혹시나 독자들에게 의도나 정보가 왜곡될까봐 염려했고 설명은 충분한지, 이해하기 어렵지는 않은지 내내 걱정했습니다. 그렇게 매순간 힘들게 써 내려간 책이지만 끝을 내고 나니 시원함보다는 아쉬움이 남습니다.

2021년 첫 집필을 시작하여 2023년을 바라보는 지금, 책을 마치며 때로는 힘들고 때로는 즐거웠던 지난 시간이 스쳐 지나갑니다. 이 책이 세상에 나와 많은 사람에게 도움이 되기를, 누군가에게는 위안이 되고 누군가에게는 희망이 되기를 바랍니다. 그리고 이 책으로 인해 실제로 누군가의 삶이 바뀌는 기회를 맞이하기를 간절히 바랍니다.

마지막으로, 짧지 않은 시간 동안 두 명의 까칠한 분당강쌤을 감당해야 했던 다산에듀 김민정 편집자님께 죄송함과 감사함을 함께 전합니다.

새해의 희망을 가득 담은 선물 같은 책이 되기를 바랍니다.

2022년 12월

분당강쌤

명문 대학으로 직행하는 초등 공부 전략서

스카이 버스

초판 1쇄 인쇄 2022년 12월 27일
초판 14쇄 인쇄 2023년 1월 22일

지은이 분당강쌤
펴낸이 김선식

경영총괄 김은영
콘텐츠사업본부장 박현미
기획편집 김민정 **책임마케터** 최혜령
콘텐츠사업7팀장 김민정 **콘텐츠사업7팀** 김단비, 권예경, 이한결
편집관리팀 조세현, 백설희 **저작권팀** 한승빈, 김재원, 이슬
마케팅본부장 권장규 **마케팅1팀** 최혜령, 오서영
미디어홍보본부장 정명찬 **디자인파트** 김은지, 이소영
브랜드관리팀 안지혜, 오수미 **크리에이티브팀** 임유나, 박지수, 김화정 **뉴미디어팀** 김민정, 서가을
재무관리팀 하미선, 윤이경, 김재경, 안혜선, 이보람
인사총무팀 강미숙, 김혜진
제작관리팀 박상민, 최완규, 이지우, 김소영, 김진경, 양지환
물류관리팀 김형기, 김선진, 한유현, 민주홍, 전태환, 전태연, 양문현, 최창우
외부스태프 디자인 정윤경

펴낸곳 다산북스 **출판등록** 2005년 12월 23일 제313-2005-00277호
주소 경기도 파주시 회동길 490 다산북스 파주사옥
전화 02-704-1724 **팩스** 02-703-2219 **이메일** dasanbooks@dasanbooks.com
홈페이지 www.dasanbooks.com **블로그** blog.naver.com/dasan_books
용지 한솔피앤에스 **인쇄** 민언프린텍 **코팅 및 후가공** 제이오엘엔피 **제본** 다온바인텍

ISBN 979-11-306-9639-3 (03370)

다산북스(DASANBOOKS)는 독자 여러분의 책에 관한 아이디어와 원고 투고를 기쁜 마음으로 기다리고 있습니다.
책 출간을 원하는 아이디어가 있으신 분은 다산북스 홈페이지 '원고투고'란으로 간단한 개요와 취지, 연락처 등을 보내주세요.
머뭇거리지 말고 문을 두드리세요.